企业创办策划
教师手册

编写人员

主　编：钟秀平　朱红星

副主编：周挺兴　张　韬　陈少强

参　编：元伊捷　金黎明　孔青香　李智豪　麦瑞聪　徐　婷

中国劳动社会保障出版社

图书在版编目（CIP）数据

企业创办策划教师手册 / 钟秀平，朱红星主编 . -- 北京：中国劳动社会保障出版社，2023

ISBN 978-7-5167-6197-7

Ⅰ.①企… Ⅱ.①钟…②朱… Ⅲ.①创业 - 教学参考资料 Ⅳ.①F241.4

中国国家版本馆 CIP 数据核字（2023）第 220777 号

中国劳动社会保障出版社出版发行

（北京市惠新东街 1 号　邮政编码：100029）

*

三河市华骏印务包装有限公司印刷装订　　新华书店经销
787 毫米 ×1092 毫米　16 开本　9 印张　193 千字
2023 年 11 月第 1 版　2023 年 11 月第 1 次印刷
定价：30.00 元

营销中心电话：400-606-6496
出版社网址：http://www.class.com.cn

版权专有　　侵权必究

如有印装差错，请与本社联系调换：（010）81211666
我社将与版权执法机关配合，大力打击盗印、销售和使用盗版图书活动，敬请广大读者协助举报，经查实将给予举报者奖励。
举报电话：（010）64954652

编 写 人 员

主　　编：钟秀平　朱红星
副 主 编：周挺兴　张　韬　陈少强
参　　编：元伊捷　金黎明　孔青香　李智豪
　　　　　麦瑞聪　徐　婷

前　言

当前世界百年未有之大变局加速演进，新一轮科技革命和产业变革深入发展，国际力量对比深刻调整，我国发展面临新的战略机遇。习近平总书记指出，青年是国家和民族的希望，创新是社会进步的灵魂，创业是推动经济社会发展、改善民生的重要途径。青年学生富有想象力和创造力，是创新创业的有生力量。在全国教育大会上，总书记指出："要把创新教育贯穿教育活动全过程。"人力资源社会保障部办公厅印发《关于推进技工院校学生创业创新工作的通知》，到2025年，要实现技工院校创业师资轮训一遍，在校学生接受创业教育或创业培训基本做到全覆盖，投身创业创新的学生有明显增加，技工院校毕业生创业成功率有明显提升。

广州市轻工技师学院深入学习领会习近平总书记关于创新创业教育的系列重要论述精神，认真贯彻落实人力资源和社会保障部文件精神，着力构建"机制—师资—课程—平台"四位一体的创新创业教育生态体系，推动"创新创业思维＋创新创业实训＋创新创业高端课程"三位一体的课程体系，打造高水平实践双创平台，大力营造创新创业氛围，实现在校学生接受创业教育全覆盖，毕业生创业成功率有明显提升。

我们在总结学院课程实施经验基础上，联合企业共同开发《企业创办策划教师手册》，本书针对每个学习任务的教学设计与教学资源，提供给教师具体的教学思路和实施建议，制订出符合学生特性和需求的教学计划。

本书学习任务来自企业创办真实项目，首创工学一体化的创新创业教育课程标准，开发相应线上教学资源与实体教具，设计"认知—情感—行动"三层递进的课程思政教学模式。本手册包含四个主要学习任务，每个学习任务都以六个递进的学习活动为核心，涵盖市场背景调研、创新创意规划、创业决策设计、商业落地实施、商业计划管控、路演展示总结，帮助教师有条不紊地进行教学，逐步提升学生创新创业实践能力。

本书由钟秀平、朱红星任主编，周挺兴、张韬、陈少强任副主编，元伊捷、金黎明、孔青香、李智豪、麦瑞聪、徐婷参编。

限于书的容量和编者水平，本书在满足教学指导工作的需要方面或许还有不足之处，敬请各位专家、同行和读者批评指正。编者邮箱：zhx0326@163.com。

《企业创办策划》编委会

目　　录

学习任务一　饮品门店类个体工商户创办策划 ··· 1
 学习活动 1　市场背景调研 ··· 4
 学习活动 2　创新创意规划 ·· 11
 学习活动 3　创业决策设计 ·· 16
 学习活动 4　商业落地实施 ·· 20
 学习活动 5　商业计划管控 ·· 24
 学习活动 6　路演展示总结 ·· 31

学习任务二　家用设备维修类个人独资企业创办策划 ·································· 34
 学习活动 1　市场背景调研 ·· 37
 学习活动 2　创新创意规划 ·· 42
 学习活动 3　创业决策设计 ·· 47
 学习活动 4　商业落地实施 ·· 51
 学习活动 5　商业计划管控 ·· 56
 学习活动 6　路演展示总结 ·· 63

学习任务三　广告设计类合伙企业创办策划 ·· 66
 学习活动 1　市场背景调研 ·· 69
 学习活动 2　创新创意规划 ·· 75
 学习活动 3　创业决策设计 ·· 79
 学习活动 4　商业落地实施 ·· 82
 学习活动 5　商业计划管控 ·· 93
 学习活动 6　路演展示总结 ·· 99

学习任务四　科技产品类有限责任公司创办策划 ·· 102
 学习活动 1　市场背景调研 ·· 105
 学习活动 2　创新创意规划 ·· 111
 学习活动 3　创业决策设计 ·· 116
 学习活动 4　商业落地实施 ·· 121
 学习活动 5　商业计划管控 ·· 127
 学习活动 6　路演展示总结 ·· 134

学习任务一 饮品门店类个体工商户创办策划

教学目标

1. 学生能根据课程资源和案例，解释市场背景调研的重要性，并能进行具体的位置分析和口碑调查，以便理解这些因素在确定饮品门店的位置和品牌口碑中的关键作用。

2. 学生能通过创新创意规划，识别满足市场与顾客需求的具体条件，并能运用差异化思维的具体方法。这些核心要素将有助于学生创造饮品门店的独特产品和服务。

3. 学生能在创业决策与设计环节掌握原型制作和 A/B 测试的具体方法，并能准确描述这些工作的方案和结果，从而以更具理论依据和实证数据的方式进行创业决策和设计。

4. 学生能理解企业人员的组成结构，认识社交媒体营销的作用，掌握上、中、下游产业链的关系，以帮助他们有效实施商业计划并成功运营饮品门店。

5. 学生能在商业计划管控部分识别并选择适宜的企业法律形式，如个体工商户，能解构并理解饮品店商业计划书的具体框架。这将促使学生能有效管理和控制商业计划的执行。

6. 学生能在路演展示总结环节掌握饮品店路演 PPT 的具体框架和评估标准，并能准确描述商业计划的各项内容和价值。此外，学生还需整理和归档所有工作过程中的记录、文档、素材等，并完成项目小结。

教学活动安排

学习环节与学时	学生活动	教师活动
市场背景调研 （2学时）	1. 进行位置分析 2. 进行口碑调查	1. 教授如何进行有效的位置分析 2. 讲解口碑调研的方法
创新创意规划 （1学时）	1. 学习满足需求的关键条件 2. 训练差异化思维	1. 讲解好的需求必须包含的条件 2. 引导学生进行差异化思维训练
创业决策设计 （2学时）	1. 学习并制作原型 2. 进行 A/B 测试	1. 指导学生制作原型 2. 教授进行 A/B 测试的方法
商业落地实施 （1学时）	1. 学习企业的人员组成 2. 熟悉社交媒体营销 3. 分析上、中、下游产业链	1. 讲解上、中、下游产业链 2. 组织上、下游产业链

续表

学习环节与学时	学生活动	教师活动
商业计划管控 （2学时）	1. 了解企业法律形式的选择 2. 学习饮品店商业计划书框架结构	1. 提供模板、评价表 2. 指导学生编写商业计划书
路演展示总结 （2学时）	1. 制作路演PPT 2. 进行路演展示	1. 指导学生制作路演PPT并开展路演 2. 点评、总结项目

教学工具

教学工具类别	具体内容
讲义（PPT）	饮品门店类个体工商户创办策划
视频资料	案例：创办一家奶茶店
教具	互动式白板、角色扮演道具

学习环节详解

学习环节	具体内容
市场背景调研	研究并分析理想店铺的地理位置，设计和实施一次口碑调查，以了解潜在客户对饮品店的期待和需求
创新创意规划	识别并定义客户需求，运用差异化思维来构建独特的饮品菜单和服务模式
创业决策设计	设计和制作一个饮品店的概念模型或原型，运用A/B测试来验证饮品或服务模式的可行性
商业落地实施	组建一个有效的团队，利用社交媒体进行有效的营销，了解饮品门店的整个产业链，包括供应商管理、库存管理、产品销售、顾客服务等
商业计划管控	了解并选择合适的法律形式，理解个体工商户工商注册流程，编写一份详细且实用的商业计划书
路演展示总结	制作一份有效的饮品门店类个体工商户路演PPT并开展路演

教学重难点

教学重难点①	重点：饮品门店的差异化思维和落地实施策划。 在饱和的饮品门店市场，创新和差异化的思维方式对于吸引消费者和区分竞争者至关重要。另外，饮品门店的落地实施策划能够有效地将创新的想法转化为可行的商业行动。

续表

处理建议	突破方法： 　　1. 线上自主学习。在课程开始前，教师将提供关于差异化思维和商业落地实施的在线资源，学生需通过自主学习和深化理解来准备课程活动。 　　2. 工具引导分析。通过组内讨论，引导学生运用饮品门店创办策划工具，分析饮品门店的市场背景、创新创意、商业落地实施等方面的需求和挑战，以确保饮品门店创办策划的顺利进行。 　　3. 任务驱动实施。理解市场特点和创建独特卖点后，构建饮品门店的原型，进行A/B测试验证，最后选择适合的企业法律形式将其落地实施，并通过社交媒体进行营销。落地后，需要编制商业计划书进行管控，最后通过路演的形式总结学习成果，对饮品店的创办策划进行展示和自我反思。 　　4. 展示汇报分享。在课堂上，学生将展示和分享他们的商业计划书和路演PPT，通过分享总结饮品门店创办策划的关键点，巩固所学。同时，教师结合点评，提醒学生重视商业计划的制订和实施是创业成功的关键。
教学重难点②	难点：饮品门店类个体工商户创办策划的成功实施和控制。 　　每个阶段的成功执行都对整体的策划起到决定性的作用，若在任一阶段出现错误，都可能导致整体策划的失败。特别是对于个体工商户来说，资源有限，更需要明确掌握策划的各个关键环节和技巧。
处理建议	化解方法： 　　1. 案例引导，学习方法。在创办策划初期，先进行线上资源的自学，学习成功案例中各个环节的操作方法和注意点，以及可能出现的问题和应对策略。 　　2. 建立逻辑，指导工作。组织团队进行讨论，依据讨论结果制定详细的操作步骤和注意事项清单，以确保各个环节的顺利进行。 　　3. 任务驱动实施。通过情景模拟或实地考察，让团队成员了解并掌握各环节的实施方法。 　　4. 交叉检查，优化效果。在每个环节的执行过程中，其他团队成员进行交叉检查，及时发现并纠正错误。 　　5. 演示点拨，提升质量。通过团队内部的展示和讨论，分享经验，提升每个环节的执行效果。 　　6. 课后拓展，延伸所学。在课后，团队成员可自行学习和探索更高级的技巧和方法，提升创办策划的成功率。

学习活动 1　市场背景调研

任务导入

任务名称：饮品门店类个体工商户创办策划
任务内容描述： 　　某阳光学院即将毕业的某学生，想要在自己家乡——一个中等城市的繁华商圈，开设一家注重健康、口味新颖的饮品店。这家店主要面向 20~35 岁的年轻人，特别是那些追求健康生活方式并愿意为此付出一定成本的消费者。为实现这个目标，该学生计划投入大约 8 万元人民币，其中包括店铺租金、装修、设备购置、原料采购、聘请员工等初期投入。由于该学生没有足够的创新创业能力，他需要在接下来的 5 天内通过参加一门创新创业课程来弥补这个不足。在课程中，他将进行饮品个体门店创业策划，学习如何从产生创意构思到形成创业计划书，并进行路演。 　　饮品店组：负责规划店面选址、装修设计、确定饮品种类与配料、制定价格策略等。同时，需要考虑如何在社区内推广饮品，让社区更多的人知道，以提高居民的生活品质。 　　该项目包含以下 6 个项目策划内容： 　　1. 市场背景调研 　　2. 创新创意规划 　　3. 创业决策设计 　　4. 商业落地实施 　　5. 商业计划管控 　　6. 路演展示总结 任务最终以交付商业计划书和路演 PPT 的形式进行效果检验。

任务开始时间：　年　月　日	任务结束时间：　年　月　日

最终交付商业计划书的文件格式：Word 文档、PPT 文档	
项目要求	1. 商业计划书包括项目背景、现状分析、解决方案、商业模式、创业团队和风险预测等内容。 2. 最终交付 Word 版商业计划书和路演 PPT 并进行路演。

任务目标和相关要求

1. 理解饮品门店类个体工商户创办的任务描述和要求

目标：全面理解饮品门店类个体工商户创办任务的内容和要求。

要求：通过市场背景调研，包括位置分析和口碑调查，准确描述饮品门店类个体工商户创办任务的内容和要求。

2. 运用创新思维模型，如差异化思维，产生创意并应用于饮品店项目

目标：掌握差异化思维，并能够应用于饮品店项目，产生创意。

要求：应用差异化思维，提出创新的饮品店项目创意，并进行合理的描述和解释。

3. 进行创业决策设计，包括原型制作和 A/B 测试，以验证和评估设计概念的可行性与效果

目标：进行产品设计与创新，并利用原型制作和 A/B 测试，验证和评估设计概念的可行性与效果。

要求：制作产品原型，进行 A/B 测试，收集和分析测试结果，并评估设计概念的可行性与效果。

4. 理解和实施商业落地策略，包括确定企业的人员组成、社交媒体营销策略，以及对上、中、下游产业链的理解

目标：了解创业团队与管理的基本概念和要素，并能够应用于饮品店的组织和运营。

要求：明确创业团队的组成和分工，制定社交媒体营销策略，在饮品店的组织和运营中理解并应用上、中、下游产业链知识。

5. 理解并实施商业计划的管理和控制，包括选择合适的企业法律形式（个体工商户），以及完成饮品店的商业计划书

目标：能够设计饮品店的商业模式，包括财务预测和营销策略，以确保创业成功。

要求：描述饮品店的商业模式，包括财务预测和营销策略，并说明如何确保创业成功。

6. 准备并进行路演展示总结，包括完成饮品店路演 PPT 的设计，以及理解和使用饮品店路演 PPT 评价表

目标：能够通过路演展示向投资者和相关利益方展现饮品店项目的价值和潜力。

要求：设计并制作包括项目描述、市场分析、商业模式等内容的饮品店路演 PPT。根据饮品店路演 PPT 评价表，准备并进行有效的路演展示，清晰、准确、有说服力地展示饮品店项目的商业价值和发展前景。

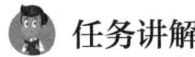 **任务讲解**

——知识解析——

1. 创新

（1）创新的含义。创新是指以现有的思维模式提出有别于常规或常人思路的见解，利用现有的知识和物质，在特定的环境中，本着理想化需要或为满足社会需求，而改进或创造新的事物，包括但不限于各种产品、方法、元素、路径、环境等，并能获得一定有益效果的行为。

（2）创造的基本特性：主体性、新颖性、价值性。

2. 调研方式

（1）网络调研。利用互联网进行市场调研，包括浏览相关行业网站、社交媒体、专业论坛、行业报告等，了解市场趋势、竞争情况、消费者需求等信息。

（2）问卷调查。设计和分发调查问卷，针对潜在客户、目标用户群体进行调查，了解他们的需求、偏好、行为习惯等，以获取有关市场的定量数据，洞察市场需求。

（3）重点访谈。选择目标用户、行业专家、业内从业者等进行深入访谈，了解他们的观点、反馈和建议，从中获取有关市场的定性数据和见解。

（4）实地考察。到实际场地或目标市场进行考察，观察人流量、竞争对手、产品陈列等情况，通过直接感知市场现状和环境来获取信息。

（5）市场数据分析。收集和分析市场数据，如行业报告、销售数据、市场调研数据等，对市场规模、增长趋势、竞争格局等进行分析，以获得定量信息支持决策。

（6）竞争对手分析。对竞争对手进行研究和分析，包括产品特点、定价策略、营销活动等，以了解市场中的主要竞争力量。

3. 注意事项

（1）资源的可靠性。确保所使用的互联网资源、行业网站、社交媒体等信息的可靠性和准确性。验证信息来源的可信度，尽量选择权威的、有信誉的网站和报告，以获取准确的市场信息。

（2）样本选择。对于问卷调查和重点访谈，要确保样本的代表性和合适性。选择目标用户和受访对象时，要确保他们属于目标市场的典型群体，能够提供有价值的意见和反馈。

（3）问卷设计。在设计问卷调查时，要确保问题清晰、简明，避免主观性和引导性，以免干扰和误导受访者的回答。合理安排问题顺序，保证逻辑性和连贯性。

（4）访谈技巧。在进行重点访谈时，要采用开放性的、探索性的访谈方式，充分倾听受访者的观点和见解，避免主观偏见。建立良好的沟通氛围，尊重受访者的意见，保证访谈的质量和准确性。

（5）实地考察。在进行实地考察时，保持客观观察态度，尽量避免主观偏见的影响。注意观察目标，包括人流量、竞争对手的产品陈列、营销策略等，准确记录观察结果。

（6）数据分析。在进行市场数据分析时，要选择合适的分析方法和工具，确保数据的准确性和可信度，避免在数据分析过程中出现偏差或错误的推断。

（7）竞争对手分析。对竞争对手进行分析时，要确保收集到的信息准确完整。综合考虑竞争对手的产品特点、定价策略、营销活动等因素，形成全面的竞争对手分析报告。

> **实战案例**
>
> Airbnb 的市场调研：Airbnb 在成立初期，通过实地考察和重点访谈，深入了解旅行者和房东的需求，发现传统酒店模式的局限性，从而提出了共享经济下的民宿模式创意，并通过问卷调查和用户反馈不断优化产品和服务。
>
> Uber 的市场数据分析：Uber 利用大数据分析用户出行数据、交通拥堵情况和定价模型，以优化乘车体验和司机配备，实现高效的城市出行服务。通过对市场数据的深入分析，Uber 能够及时调整运营策略和服务模式，提升市场竞争力。

4. 位置分析

位置分析是市场背景调查中的一项重要工作，旨在评估和确定企业、产品或服务在目标市场中的地理位置和定位。通过综合考虑目标市场的地理特点、人口统计数据、消费者行为习惯、竞争对手的布局以及其他相关因素，为企业提供关于如何在特定地理区域内开展业务的重要信息。在位置分析中，需要考虑以下几个方面：

（1）地理特点。在位置分析中，需要对目标市场的地理特点进行详细研究，包括地理位置、气候条件、地形地貌、交通网络、城市布局等因素。这些因素将对企业的运营模式、物流配送、市场覆盖范围等方面产生影响。

（2）人口统计数据与经济指标。人口统计数据是位置分析的重要依据之一，包括目标市场的人口规模、年龄结构、性别比例、教育水平、收入水平等信息。经济指标，如GDP、消费支出等也提供了关于目标市场经济活力和消费潜力的重要参考数据。

（3）消费者行为与需求分析。了解目标市场的消费者行为和需求是位置分析非常重要的一部分，包括对消费者偏好、购买习惯、消费动机以及对产品或服务的需求程度等进行深入分析。通过了解消费者的行为和需求，企业可以更好地定位自己的产品或服务，并制定相应的营销策略。

（4）竞争环境与市场格局。在位置分析中，了解竞争对手的布局和市场格局是十分重要的，包括竞争对手的定位策略、市场份额、销售渠道、产品特点等。通过对竞争环境的深入分析，企业可以找到自身的竞争优势并制定相应的差异化策略。

（5）法律、政策与文化因素。法律、政策与文化因素对商业运营有着重要影响。在位置分析中，需要了解目标市场的法律法规、政府政策支持以及当地文化习俗等方面的信息。这些因素将直接影响企业在该地区的经营方式和市场适应性。

5. 口碑调查

口碑调查是一种市场研究方法，通过收集、分析和评估消费者对产品、品牌或服务的口碑信息评估其在市场中的声誉和知名度。口碑调查旨在了解和量化消费者对某个特定产品或品牌的意见、感受和评价，并通过口碑信息识别潜在的优势、问题或改进点。

口碑调查通常包括以下方面的内容：

（1）消费者反馈。通过调查问卷、访谈、社交媒体分析等方法，收集消费者对产品或品牌的主观评价。这些评价可以涉及产品质量、性能、价格、客户服务等方面的内容。消费者的反馈可以从积极和消极两个角度进行分析。

（2）口碑传播。口碑调查关注消费者之间的信息传播过程。研究人员会追踪和分析消费者如何通过社交媒体、在线论坛、口耳相传等渠道传播该产品或品牌的有关信息。这有助于确定与产品相关的关键话题、热点问题以及信息的扩散程度。

（3）影响力分析。通过分析口碑信息的来源和传播路径，确定哪些人、哪些渠道对消费者的观点和决策产生了重大的影响。这有助于识别关键意见领袖，了解他们如何塑造消费者的态度和行为，并制定相应的营销策略。

（4）竞争对比。口碑调查也会比较不同产品或品牌之间的口碑表现。通过评估竞争对手的口碑，了解消费者对其产品或品牌的认知和偏好，帮助企业在市场竞争中找到差距和机会。

（5）口碑监测。口碑调查需要持续进行监测和跟踪，以了解口碑信息的变化趋势和演变过程。通过定期收集和分析口碑数据，可以发现市场动态、消费者变化和产品改进方向等重要信息。

通过口碑调查，企业可以了解消费者对其产品或品牌的看法，了解消费者的需求和期望，及时发现问题并做出改进。同时，通过积极管理口碑，企业还可以提升产品或品牌的声誉，建立良好的品牌形象，提高市场竞争优势。

口碑调查的注意事项：

（1）明确目标。在进行口碑调查之前，要明确调查的目标和目的，确定想要获得的信息类型，并根据目标来制定调查的问题和方法。

（2）设计问卷。设计调查问卷时要注意问题的清晰度和简洁性。问题应该明确具体，避免使用模棱两可或带有偏见的词语，以确保受众能够正确理解问题。

（3）选择受众。选择合适的受众群体进行口碑调查。根据产品或品牌的特性和目标市场，选择代表性受众并确保样本的多样性，以获得更全面和准确的口碑反馈。

（4）采集数据。根据选定的调查方法进行数据采集，确保采样方法的随机性和可靠性，并通过足够的受众数量获得充分的数据。

（5）数据整理和分析。对收集到的口碑数据进行整理和分析。使用适当的统计工具和分析方法，提取有用的见解和结论。注意数据的准确性和完整性，并确保分析结果能够解析调查目标。

（6）保护个人信息。在进行口碑调查时，要遵守隐私和数据保护的相关法规。确保受众的个人信息得到妥善保护，不泄露或滥用。

（7）问卷传递方式。根据受众的特点和调查方法，选择合适的问卷传递方式。可以通过电子邮件、在线平台、社交媒体或面对面访谈等方式传递问卷，确保问卷调查能够方便快捷地完成。

（8）注意采样偏差。在进行口碑调查时，需要注意采样偏差可能对结果的影响。努力扩大受众群体，避免对某一特定群体过度倾斜，以获得更全面和真实的口碑反馈。

（9）解读分析结果。在分析口碑调查结果时，要注意准确理解和解释数据。要根据客观数据提供准确的见解和建议，避免主观臆断或错误地推理。

（10）结果应用和改进。将口碑调查结果应用于实际决策和改进措施的制定。根据调查结果，及时采取行动并改进产品质量、服务水平和品牌形象，以满足消费者需求，提高客户满意度。

（11）口碑监测和跟踪。口碑是动态变化的，在调查后需要进行持续的监测和跟踪。要定期评估和分析口碑信息，了解市场变化和消费者反馈，及时调整策略和措施。

（12）诚实和透明。在进行口碑调查时要保证诚实和透明，确保受众了解调查目的，并按照承诺处理和保护他们的反馈意见。建立信任和良好的口碑，以吸引更多受众参与调查。

在进行口碑调查时，以上注意事项将有助于确保调查的准确性、可靠性和有效性，合理规划调查流程，确保数据采集的质量和数据分析的准确性，能够为企业提供宝贵的市场洞察和决策支持。

——任务解析参考——

1. 本任务提到市场背景调研，什么是市场背景调研？可以运用哪些工具？请填写表1–1。

表 1–1　　　　　　　　市场背景调研运用的工具及含义

工具	含义
市场背景调研	市场背景调研是指对目标市场的整体情况进行详细了解和分析的过程，包括对行业发展趋势、竞争情况、目标客户群体、消费者需求、市场容量和潜在机会的研究
位置分析	位置分析是指对潜在经营地点的评估和选择过程。对于实体店铺类企业，选择合适的经营地点至关重要，这直接影响到客流量、销售额，甚至企业的生存和发展

2. 简述市场调研会用到的调研方法。

市场调研包括利用互联网进行 网络调研 ，设计和分发问卷调查进行 问卷调查 ，选择目标用户、行业专家、业内从业者等进行 重点访谈 ，到实际场地或目标市场进行 实地考察 ，收集市场数据进行 数据分析 ，对竞争对手进行 研究和分析 。这些方法可以帮助我们了解市场趋势、竞争情况、消费者需求等信息，为决策提供定量和定性的数据支持。

3. 请对饮品店进行位置分析和口碑调查，完成饮品店的市场背景评估。

位置分析

（1）地理位置特点。靠近大学或中学的地方，因为这个年龄段的消费者更愿意接受新的尝试，并且他们可能对这样的饮品店体验更感兴趣。

（2）竞争对手。竞争对手主要包括同样位于该区域的其他饮品店，如传统奶茶店、咖啡馆等。

（3）消费者行为。消费者主要是年轻人，他们更倾向于新鲜体验和个性化服务。他们可能会经常在周末或放学后来店里尝试制作新的饮品。

（4）文化习俗。地域不同，人们对饮品的喜好也不同。在有些地区，人们可能更喜欢甜味的饮品，而在其他地区，人们可能更喜欢酸味或苦味的饮品。

（5）居民收入水平。考虑到本饮品店提供的是一种比传统饮品店更高级的体验，所以需要确认该地区居民的收入水平是否能够支持这样的消费。如果该地区的居民收入水平较高，那么他们可能更愿意支付额外的费用来享受这种独特的体验。

口碑调查

（1）消费者反馈。根据消费者的反馈，实验室主题的奶茶店在口碑上获得了积极的评价。顾客们普遍对店内的自助配料和亲手调制体验感到兴奋和满意。

（2）大众点评。大众点评上的评论呈现了一种正面的趋势。许多顾客给予了高分评价，特别是对奶茶店的创意和亲手调制的体验表示赞赏。

（3）竞争对比。与其他奶茶店相比，实验室主题的奶茶店在创新性和互动性方面有着明显的优势。

（4）调查结果总结。从口碑调查结果来看，实验室主题的奶茶店在客户中获得了广泛的认可和喜爱。

结论

根据位置分析和口碑调查收集到的市场数据，可以得出以下结论：

（1）市场机会。创新性和互动性的实验室主题奶茶店在市场中具有独特的竞争优势。顾客们对自助配料和亲手调制的体验感到兴奋和满意，这也使吸引更多顾客成为可能。

（2）市场挑战。定价问题是一个需要考虑的挑战。一些顾客对实验室主题奶茶店的价格有所疑虑，认为自助配料和个性化服务增加了他们的支出。因此，需要思考如何在保持竞争力的前提下调整价格策略。

学习活动 2　创新创意规划

任务讲解

——知识解析——

1. 有价值的创业动机

创业动机是引导创业者去创立并发展企业的内在驱动力。创业动机有多种，但有价值的创业动机通常具有以下几个特点：

（1）解决问题。创业者的动机应当是为了解决某个具体的问题，或者满足某个未被满足的需求。这样的动机是有价值的，因为它能够帮助创业者找到并抓住市场机遇，使企业的产品或服务具有竞争优势。

（2）热情和执着。对创业者来说，热爱自己的事业并且坚持不懈，这个动机非常重要。热情可以帮助创业者在面临困难和挫折时保持积极的心态，执着则可以帮助他们坚持下去，直到成功。

（3）为社会做贡献。创业的动机之一是为了给社会创造价值。这个动机不只看重经济利益，更看重社会效益。这样的企业往往能够赢得社会的广泛认可和支持。

（4）个人成长。对许多创业者来说，创业是一个个人成长和实现自我价值的过程。对自我提升和自我实现的渴望，是一个重要且有价值的创业动机。

（5）创新和挑战。很多创业者对创新和挑战充满热情，他们期望通过自己的努力打破现状，引领行业发展。这种创新精神和挑战精神，对推动社会进步有着重要的价值。

最后，需要强调的是，有价值的创业动机并不能保证创业的成功，但它们能够帮助创业者保持正确的方向、对抗困难，以及在失败面前坚韧不拔，从而增加创业成功的可能性。

2. 一个好的需求必须包含的条件

经常会听到"需求""痛点"这样的词语，那么究竟什么是"需求"呢？

我想吃饭，但是我不想自己煮饭，也不想出去吃，怎样才能做到不用煮饭、不用出去也能吃到好吃的饭菜？用户有在线点餐的需求，于是有了外卖点餐 App。

我想唱歌，但是我不想去 KTV，我想随时随地唱歌，并且能够与不同地方的人一起合唱，怎样才能做到呢？用户有在线唱歌和在线合唱的需求，于是有了手机在线唱歌 App。

需求是产品必须完成的事以及必须具备的品质，是在构建产品前需要发现的东西。需求总共分为 8 类，分别是

以用户为对象的需求,包括基本需求、易用性需求、可操作性
需求;以产品运营为对象的需求,包括运营需求、政策及法律
需求;以系统为对象的需求,包括安全性需求、性能需求、可
维护和可移植性需求。

(1)基本需求。基本需求是解决用户最基本问题的需求,
是一个产品的源需求。一个产品的构建就是源于这种类型的
需求来开展的。例如,上文说到的外卖App和唱歌App的例
子,在线点餐是一个基本需求,在线唱歌是一个基本需求。在
挖掘这类需求的时候可以更多地考虑用户的使用场景,站在用户的角度去思考和挖掘。

(2)易用性需求。易用性需求主要考虑的是用户体验方面的需求,方便用户使用的需求。例如,用户在点外卖的时候需要通过一些筛选条件更快速地找到自己想要吃的东西?这时候可以考虑增加一些筛选条件以满足用户的需求,甚至可以根据用户的日常操作或者自定义的标签进行匹配推荐。

(3)可操作性需求。可操作性需求是指产品的操作环境,以及对该操作环境必须考虑的问题。有些需求并非在任何场景下都适用。例如,构建电脑端的产品,在探索用户是否有定位的需求时,需要考虑这个定位功能的可操作性,因为电脑并没有LBS定位功能,该功能只适用于手机。如果确实有定位方面的需求,就要考虑是否能够通过其他方式实现,例如,通过IP跟踪,或者通过将电脑端和手机客户端的账号进行绑定与互通,利用手机App上的定位进行判断。

(4)运营需求。运营需求主要对象为产品运营本身或者公司的运营部门,这类需求是为了方便开展运营工作而设置的。例如,置顶、推荐、排行榜、数据统计等方面的需求。

(5)政策及法律需求。政策及法律需求是为了保证产品本身以及用户的使用不触犯法律。例如,平台要做好内容审核,UGC产品、社交产品要考虑敏感词汇过滤的需求,视频网站、直播网站要注意考虑防止色情淫秽内容传播的需求。

(6)安全性需求。在安全性需求方面,需要考虑产品的安全保密性、支付的安全性以及用户信息的安全性。涉及购买和支付方面的产品、电子商务方面的产品以及金融类产品也要注意安全性需求;在线视频教育产品,如果没有考虑安全性方面的需求,很容易被别人盗取收费视频。

(7)性能需求。性能需求是指功能的实现能够达到多快、多可靠,能处理多少量、达到多精确。有一个数据统计后台的产品,被吐槽说翻页功能的体验不是很好,没有显示总共有多少页。公司给出的解释是,翻页的地方如果做显示页数的功能,系统需要先计算页数,再显示页数,而系统中的数据量非常大,每次从大量的数据中查询后再显示会拖慢系统的速度。特别是后台类的产品或者比较大型的产品,更加需要考虑性能需求。

(8)可维护和可移植性需求。可维护和可移植性需求主要是考虑以后是否有系统维护或者转移方面的需求。

3. 差异化思维

差异化思维是破除常规的逆向思考，反从众、反主流地向外看，识别边缘空间，从全局视角出发，重构价值链条和差异化优势的思维能力。

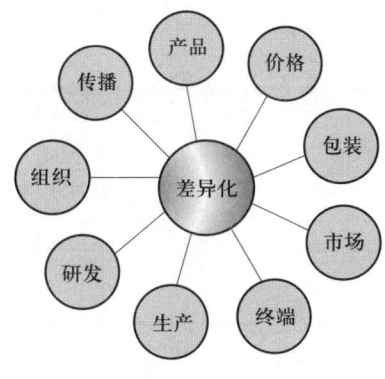

创新思维模型是获取创新力、发挥创新力的抓手，它使得创新力可以习得、可以应用、可以提升和积累。差异思维由两大思维模型支撑，分别是错位竞争和低端颠覆。错位竞争是差异化思维的基本模型，是创新基本的两大方向之一。低端颠覆是差异思维的高级应用，是错位竞争的一种高级方式。

（1）错位竞争。与其更好，不如不同，这就是错位竞争的思维方式。通常情况下，绝大多数人比的是"更好"——人无我有，人有我优。而"与其更好，不如不同"的关键核心是"不同"。把这种思维方式扩大为战略的话，就是错位竞争。

初创企业、新兴业务要提高自己的成功率，不是比其他企业做得更好，而是要跟其他企业有所不同。

（2）低端颠覆。低端颠覆式创新是经典创新理论，这个思维模型甚至定义了商业创新领域的一个专有名词——颠覆式创新。

之所以称为"颠覆"，是因为这种创新一旦成形，往往影响巨大，甚至对原有主流市场带来颠覆性的冲击。但是颠覆性创新的产品刚面世的时候，它的性能往往不能满足主流市场，一开始只能拥有一些边缘消费者，这也是它能够满足的第一批消费者。颠覆性产品常常有三个特征：第一，价格更便宜；第二，性能更简单；第三，使用更方便。

这样的创新，既是错位竞争的一种，也是最有力的一种，因为商业进程的大趋势，就是一个让各种功能和服务更便宜、更简单、更方便的进程。商业的进步、市场的扩大、技术的应用，就是要更好地满足普通大众的需求。无论是蒸汽时代、电气时代，还是信息化时代，商业的进步都遵循这个大逻辑。

——任务解析参考——

指导学生学习《企业创办策划工作业》知识模块 2 中的相关内容，并对任务进行解析。

1. 对基本需求、易用性需求和可操作性需求进行深入的理解。对于一个饮品门店来说，这三种需求有哪些？详见表 1-2。

表 1-2　　　　　　　　　饮品店需求的具体内容

需求	含义	饮品店需求的具体内容
基本需求	基本需求是解决用户最基本问题的需求，是一个产品的源需求	解决口渴
易用性需求	易用性需求主要考虑的是用户体验方面的需求，方便用户使用的需求	清晰的菜单和价格信息、易于理解和导航的门店布局、快速高效的服务流程、方便的包装和外卖服务
可操作性需求	可操作性需求是产品的操作环境，以及对该操作环境必须考虑的问题	易于测量和控制配料、简化的制作工艺和操作流程、高效的设备和机器、顾客友好型的自助服务台

2. 尝试理解好的饮品店需求应包含哪些关键条件。

> **你找到的饮品店需求：**
> 提供优质的饮品和舒适的环境，满足顾客的口感和体验需求。
> **包含的关键条件：**
> （1）多元化的饮品选择（广泛的茶、咖啡和果汁种类）。
> （2）新鲜高质的原材料（经过挑选的优质茶叶、咖啡豆和新鲜水果等）。
> （3）独特的口味和创意（特色的调配、独特的配方和特殊的制作工艺）。
> （4）严谨的制作和一致性（严谨的制作工艺和配比，确保每一杯饮品的口感一致）。
> （5）提供个性化选择（可根据顾客的口味偏好调节甜度、冰度等）。
> （6）舒适宜人的环境（温馨的装修和舒适的座位，提供宜人的用餐氛围）。

3. 产生企业创意。

差异化思维是指以与众不同的视角和方式来进行思考、分析和创新的思维方式，它强调在解决问题和创造性思维中寻找独特的、与常规不同的观点和方法。

（1）请利用差异化思维分析现今三大知名奶茶店品牌分别所占领的市场情况，寻找错位竞争机会。奶茶店市场情况分析如图 1-1 所示。

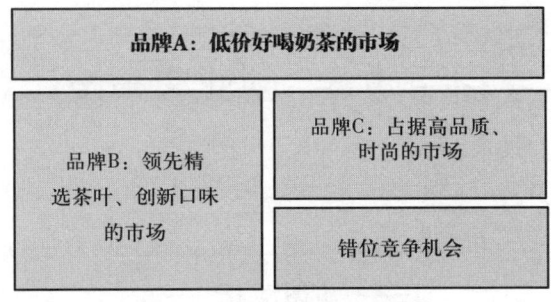

图1-1 奶茶店市场情况分析

（2）请使用差异化思维产生创意后，记录和整理你的各种创意和概念，挑选出你最想实施的想法作为创新项目的创意点子，详见表1-3。

表1-3　　　　　　　　　你的创意及最想实施的想法

创意编号	创意描述
1	例如：提供个性化定制的奶茶，满足不同人的口味需求
2	引入可持续发展的饮品选项：推出使用可持续发展原材料制作的饮品
3	提供季节限定的特色饮品：针对每个季节推出特色饮品
4	创新的包装设计：提供设计独特、吸引眼球的包装，以增加产品的吸引力和与众不同的视觉效果
最想实施的想法	提供个性化饮品定制服务，可以让顾客根据自己的口味偏好选择配料、甜度等，定制独特的饮品。这不仅能够满足顾客对个性化的需求，还可以提升顾客的参与感和满意度

4. 请依据本次筹划创办一个饮品店个体工商户的任务，为你的饮品店确定项目的创新创意，拟定一份创意描述，并提交到线上作业活动中。

> **创意描述**：推出以健康为核心的创新饮品经营模式，提供定制化的健康饮品选项，并结合健康饮食与营养知识的建议，为顾客提供综合健康体验。
>
> **目标市场**：健康追求、注重饮食营养平衡的消费者，生活节奏快且需要注意健康的上班族，健身爱好者等。
>
> **创新点**：
> （1）提供个性化的健康饮品选择：根据顾客的需求和健康目标，定制饮品配方，包括低糖、低卡路里、高蛋白等特殊要求。
> （2）介绍营养知识：在饮品店内设置营养咨询区域，通过展板、小册子、电子屏幕等形式提供健康饮食和营养搭配建议，帮助顾客更好地了解健康饮品的重要性和搭配原则。

学习活动3　创业决策设计

任务讲解

——知识解析——

1. 寻找产品的最理想状态

产品的最理想状态是完全满足用户需求，创造出优越的用户体验，同时实现商业成功。它应具有独特的创新特性，在市场中区别于竞品，并能提供独一无二的价值。此外，产品的最理想状态还应该具有可持续性和可扩展性，能够不断适应和预测市场变化，通过持续改进和优化，赋予用户持续的价值。产品的最终目标是成为用户生活中不可或缺的一部分，形成强大的用户黏性，实现长期的市场成功。

人均50元跟人均200元的火锅有什么差异？消费者为什么愿意买单？对于食材成本、房租和人工成本，消费者并不在乎，消费者只在乎自己感受到的是什么，也就是感知价值。感知价值是指消费者对产品或服务交易过程和结果的主观认知，是用户感知利益与付出成本的差值。当顾客获得的感知价值大于付出的成本时，用户才会考虑购买产品，以两款同样价格为100元的衣服为例，当其中一款标上了"原价999元"时，用户便能马上感知到该款产品的价值，从而做出付费行为。

要想知道如何设计产品的感知价值，首先要清楚感知价值都有哪些。感知价值不仅仅是产品的价值，它还包括产品整个购买过程，用户能够感知到的利益和成本。从购买前到购买中再到购买后，如何设计这三个环节，提高用户的感知价值是产品制胜的关键。以麦当劳为例，购买前消费者需要了解自己要吃哪个汉堡、点哪个炸鸡，这需要付出时间和精力，但也会收获对交易过程和用餐的期待感；购买过程中消费者要花钱，还要花时间到达店铺，并与服务员沟通，但他能感受到店铺的氛围和服务员的素质以及下单过程的体验；购买后消费者要花费时间等待取餐或者是被服务员推销会员卡，消费者得到的是汉堡的美味以及拍照发到朋友圈进行分享的心理满足。若想提高产品的感知价值，就要从用户多方面的体验入手，尽可能减少用户的感知成本，提高用户的感知利益，才能促使用户做出付费行为。

2. 原型制作

原型制作是指用来展示或测试某个概念或设计的初步模型，通常用于后续的改进或复制。原型制作是一种快速而高效的方式，能够让团队更好地理解交互逻辑和

用户界面，进而更简单、更快、更灵活地进行产品迭代设计。原型制作定义了用户可用、可交互并且能够测试的一系列模型。简单地说，原型制作是一种快速模拟用户界面的制作技术，通过这种制作，能快速让产品团队见到产品的真实形态，更快、更简单地实施产品的设计测试。因此原型制作十分重要。

原型制作是指在设计和开发过程中创建产品的初步版本或模型，可以采用不同的方法和工具，包括手工制作，CAD 和 3D 打印等技术实现模型制作。它可以是一个物理模型，如 3D 打印的原型，也可以是一个虚拟模型，如软件界面的设计。原型制作的目的是验证和演示产品的功能、外观和用户体验，以便在进一步开发和改进之前进行必要的测试和反馈。通过原型制作，设计师和开发人员能够更好地理解产品需求和用户需求，并在早期阶段发现和解决潜在的问题与挑战。

在原型制作过程中，设计师、工程师和用户都扮演着重要的角色。设计师和工程师负责根据产品的需求和要求制作出初步模型，而用户则提供反馈和建议，帮助改进产品的设计和功能。因此，原型制作需要密切的团队合作和用户参与，以确保最终产品符合用户的需求和期望。

3. A/B 测试

A/B 测试是一种实验方法，用于比较两个或多个版本的产品、设计或内容的效果，以确定哪个版本更能实现预期的目标。在 A/B 测试中，用户随机分成不同组，每组给予不同的版本，然后收集和比较各组的数据，最终确定哪个版本更有效。通过 A/B 测试，可以基于数据和用户反馈做出更明智的决策，优化产品设计和用户体验。A/B 测试本质上是个分离式组间实验，以前进行 A/B 测试的技术成本和资源成本相对较高，但随着一系列专业的可视化实验工具的出现，A/B 测试已越来越成为优化常用的方法。A/B 测试其实是一种"先验"的实验体系，属于预测型结论，与"后验"的归纳性结论差别巨大。A/B 测试旨在通过科学的实验设计、确认样本的代表性、合理的流量分配和小规模流量测试得到有代表性的结论，确保当这一结论被应用到更大的流量时仍然是可靠的。

A/B 测试是产品研发过程中强有力的决策工具，能够帮助大家更有效地进行产品优化迭代。从不同的情境理解测试的结果是非常重要的，可以尝试将数据分解到不同的维度，然后理解不同维度下产品的效果。但是需要注意，A/B 测试的目的在于优化产品决策，而不是为了单纯优化某个指标。优化单个指标通常会导致为了获得一定短期利益的机会主义决策（比如强行逼迫用户去点击他们不想看或不需要的内容）。

最后，验证所使用的测试系统是否如期望的一样工作。如果 A/B 测试反馈的结果有问题或者是过于理想，都应该仔细进行核验。

A/B 测试是一种常用的实验设计方法，它在市场营销、产品开发和用户体验设计等领域都有广泛的应用。A/B 测试的主要意义在于帮助决策者做出基于数据的决策。通过对比不同变量的效果，可以确定哪个版本更受用户喜欢、哪个设计更有效、哪个营销策略更成功等。这样可以避免凭感觉或主观判断做出决策，提高决策的准确性和有效性。此外，A/B 测试还可以帮助发现用户偏好和行为模式，了解用户需求，从而优化产品和服务。通过不断进行 A/B 测试，可以逐步改进产品，提升用户体验，增加用户的满意度和忠诚度。

——任务解析参考——

指导学生学习《企业创办策划工作业》知识模块中的相关内容,并对任务进行解析。

1. 简述原型的内涵。

   原型:用于将产品的概念和关键功能可视化,促进团队沟通和协作。

2. 验证和评估设计概念的可行性与效果,完成原型制作的计划和测试方案,详见表1-4。

表 1-4　　　　　　　原型制作的计划和测试方案

目标:验证和评估我们的设计概念在实际应用中的可行性,并收集用户反馈,以便进行进一步的改进和优化。

口号:创新饮食,健康共享!	**已发现的问题/需求:** 1. 顾客对个性化饮品定制和健康营养的需求。 2. 顾客对健康饮食知识和建议的渴求。 3. 饮品店应与当地农场和健康食材供应商建立合作关系。
草图: 	**原型产品制作:** 1. 建立一个用户可互动的原型,可以在智能屏幕或手机应用上选择饮品类型、口味、甜度、冰度等参数。 2. 设计一个小型营养咨询区,展示健康饮食知识和建议的原型展板和电子屏幕。 3. 确保原型的可视化效果和用户体验,注重界面设计、操作流畅性和反馈机制。 4. 制作一个小规模的样品批次,以提供真实的健康饮品体验。

数据分析评估:

1. 相对受欢迎度。通过比较两个版本的销售量、顾客反馈和口碑等指标,可以了解哪个版本更受欢迎。

2. 用户满意度。通过用户反馈、调查问卷或评分系统等方式,可以收集用户对两个版本的满意度评价。

3. 用户行为分析。通过分析用户在两个版本中的行为数据,例如浏览时间、转化率、留存率等,可以了解用户的参与程度和行为习惯。

4. 影响因素分析。除了比较两个版本的整体表现,还可以进行细分分析,了解不同用户群体对不同版本的反应。

3. 简述 A/B 测试可以比较哪些方面。

A/B 测试是一种比较不同变量效果的方法，其中之一是比较不同的 页面布局和设计 对用户的影响。

在 A/B 测试中，可以比较不同的 页面布局、设计因素 对用户的吸引力和影响力。

产品的 功能和特性 也可以通过 A/B 测试进行比较，比较不同特性对用户的满意度和使用体验的影响。

营销策略和广告效果的比较是 A/B 测试的另一个方面，通过比较不同的 营销策略、广告内容 来评估对用户的吸引力和转化率的影响。

A/B 测试还可以用于比较不同的 定价策略 对用户的购买意愿和满意度的影响。

用户界面和交互设计的比较是 A/B 测试的重要组成部分，通过比较不同的 用户界面、交互设计 来评估对用户的易用性和满意度的影响。

4. 深入理解 A/B 测试的含义，运用 A/B 测试优化你的产品，详见表 1-5。

表 1-5　　　　　　　　　　运用 A/B 测试优化你的产品

测试组别	测试功能	结果
A 组	页面布局和设计：A 组的页面布局和设计在用户参与度、转化率和满意度上表现更好 功能优先级：根据测试结果，A 组的功能优先级调整获得更高的用户体验和评价	页面布局和设计：A 组的页面布局和设计在用户参与度、转化率和满意度上表现更好，因此我们选择 A 组的设计方案进行产品改进 功能优先级：根据测试结果，A 组的功能优先级调整获得更高的用户体验和评价，我们将采纳 A 组的改进方案
B 组	价格策略：测试不同价格、优惠或折扣方式对用户购买决策的影响，以确定更有吸引力和更高转化率的策略 响应式设计：针对不同设备（如手机、平板电脑、台式电脑）测试不同界面响应式设计的效果	价格策略：B 组的价格策略在用户购买决策上获得更高的转化率和吸引力，我们将采用 B 组的价格策略提升产品销售量 响应式设计：在不同设备上进行测试后，B 组的响应式设计能够更好地适应各种屏幕尺寸和设备类型

学习活动 4　商业落地实施

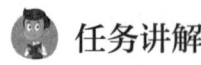任务讲解

——知识解析——

1. 企业的人员组成

个体工商户的人员组成通常较为简单，一般包括以下角色：

（1）工商户主人。个体工商户主人即为企业的所有者，一般由创始人担任，负责企业的最终决策权。在法律层面上，工商户主人是企业意志的具体体现人，对企业的所有行为、结果负责。

（2）店长。店长是饮品门店日常运营的主要负责人，负责管理门店内所有的员工，确保门店的正常运行，包括产品的制作、客户服务等。

（3）员工。员工是门店运营的主要执行者，包括制作饮品的工作人员、负责收银的工作人员、负责卫生清洁的工作人员等。

（4）会计。如果企业规模较大，可能会设立专门的会计，负责公司的财务记录、报表和税务等工作。

需要注意的是，以上只是人员组成的一种可能，具体的人员组成会根据门店的实际需要进行调整。例如，如果门店规模较小，可能由工商户主人直接兼任店长和会计的职务。

2. 社交媒体营销

以社会化网络、在线社区、博客或者其他互联网协作平台作为媒体进行营销，是维护和开拓公共关系与客户服务的一种方式，又称为社会媒体营销、社交媒体营销、社交媒体整合营销、大众弱关系营销。

社交媒体营销的本质是通过在线互动来建立与客户的关系。它不仅仅是将传统广告内容推送到社交平台，而且是与消费者进行真正的对话和互动，以建立长久、深入的客户关系。

社交媒体为企业提供了一个巨大的机会，可以直接与客户进行互动，收集反馈，并根据客户的需求进行调整。与传统的一对多的营销策略不同，社交媒体营销更侧重于建立真实的、双向的对话。

以蜜雪冰城饮料品牌为例，它成功地利用社交媒体平台进行营销。品牌不仅在抖音、小红书和微信公众号上发布有趣的内容吸引粉丝，还经常进行线上互动活动，如问答、投票和竞赛，鼓励用户参与和分享。当客户有问题或反馈时，品牌也会快速响应并提供解决方案。这不仅增强了与客户的关系，还极大地提高了品牌形象和用户忠诚度。

社交媒体营销已成为现代企业不可或缺的一部分。通过与客户建立真实、深入的关系，企业才能在竞争激烈的市场中脱颖而出。

3. 上、中、下游产业链

产业链描述的是一个产品从起始到结束的完整流程，涵盖从原材料采集、加工、销售，到最终到达消费者手中的整个环节。

（1）整个环节可以进一步细分为上游、中游和下游三个主要部分。

上游：上游部分主要涉及原材料的供应，也就是提供原材料的企业。这些企业通常是农业、采矿业或者林业企业，他们为中游企业提供原材料，是整个产业链的起点。

中游：中游部分主要涉及将上游提供的原材料加工成半成品或成品的活动。中游企业将原材料加工成为半成品或者成品，并将其提供给下游企业或者销售给消费者。这些企业包括制造业、加工业等。

下游：下游部分是与最终用户或消费者直接相关的部分，是整个产业链的终点。他们是最终产品的购买者或者使用者，如家庭用户、公司、政府等。

产业的三个环节相互关联，上游企业提供原材料，中游企业进行加工制造，然后将成品提供给下游企业或直接售卖给消费者。这样，整个产业链才能够完成，形成完整的生产和销售流程。

（2）上、中、下游产业链的重要性。

价值创造和协同效应：上、中、下游产业之间相互依赖、协同作用，形成了完整的价值链或供应链。每个环节的优化和协调，可以实现资源的高效利用，提高产业整体的竞争力，降低成本。

产业结构和分工：上、中、下游产业的合理分工和协调发展，可以促进产业结构的优化和升级。不同产业环节的专业化发展，提高了整个产业链的效率和产品质量。

创新与技术进步：上、中、下游产业之间的合作和交流，有助于促进技术创新和知识转移。上游产业提供技术支持和原材料，中游产业进行加工和制造，下游产业进行市场推广和服务，共同推动整个产业链的技术进步和创新。

就业和经济增长：上、中、下游产业链衔接紧密，提供了大量的就业机会和经济增长点。优化上、中、下游产业之间的协作关系，有助于提高就业率和经济发展水平。

产业竞争和国际地位：上、中、下游产业链的完善和发展水平，直接关系到一个国家或地区在全球产业竞争中的地位。通过不断提升上、中、下游产业链的整体竞争力，可以增强国家的产业实力和国际竞争力。

——任务解析参考——

1. 请确定饮品门店创业团队成员的角色身份。

创始人 / 业主
（1）姓名：张明
（2）分工：整体策划、战略制定
（3）专长：行业洞察力
（4）经历 / 背景：具备丰富的奶茶行业经验和商业项目管理经验

执行店员
（1）姓名：李婷
（2）分工：日常运营、饮品制作
（3）专长：熟悉饮品门店的运作流程
（4）经历/背景：具备丰富的奶茶制作经验

2. 根据下面的具体步骤，运用社交媒体进行有效的营销，以推动商业计划的实施。

（1）研究目标受众：了解奶茶店的目标受众是谁，研究他们的年龄、性别、兴趣爱好、消费习惯等。
（2）选择适合的平台：考虑目标受众使用的社交媒体平台，选择适合的平台进行营销。一般来说，小红书、微信、微博等平台都是奶茶店推广的热门选择。
（3）制定内容策略：在社交媒体上，内容是吸引受众的关键。制定一个内容策略，包括发布奶茶店介绍、奶茶种类、新品推荐、折扣优惠、用户体验分享等内容。
（4）发布与推广：定期发布有趣的内容，并保持活跃度。利用社交媒体平台的广告推广功能，提高内容曝光率。可以根据活动和优惠时段进行宣传，吸引更多的顾客。

3. 思考下列问题的答案，让你的营销更有效果。

（1）如何做到让目标客户触手可及并参与讨论？
制定定期的互动活动：通过举办投票、问答、抽奖等互动形式，吸引目标客户参与，并奖励积极参与的用户，增加参与的积极性。
（2）如何传播和发布对目标客户有价值的信息？
提供有用的内容：在社交媒体上发布关于奶茶知识、茶叶来源、健康饮品的文章或视频等有价值的信息，增加目标客户对品牌的认知和信任。
（3）如何让消费者与品牌或产品产生联系？
分享品牌故事：在社交媒体上分享奶茶店的品牌故事，让消费者了解品牌背后的价值观，产生共鸣。
（4）如何与目标客户形成互动，并让他们感觉产品的制作有自己的一份功劳？
用户定制化：允许客户根据个人口味定制奶茶，让他们参与到产品的制作过程中，增加产品的个性化，提高客户满意度。

4. 对上、中、下游产业链有深入的理解。为你的饮品店建立一条完整的上、中、下游产业链，确保整个商业过程的连续性。

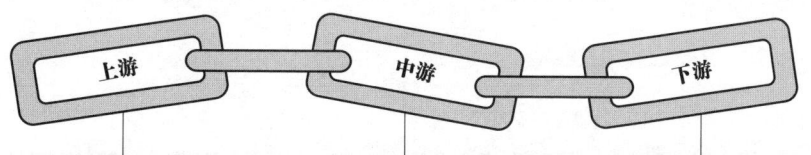

原材料供应：在饮品店的上游，需要与可靠的供应商建立合作关系，确保原材料的及时供应和质量稳定。这些原材料可能包括茶叶、果汁、糖、牛奶、果粒等。

生产设备供应：确保通过可靠的供应商购买所需的生产设备，例如奶茶机、果汁榨汁机、冰沙机等，以保证生产过程的顺利进行。

生产制造：在中游阶段，将原材料和生产设备结合起来，进行奶茶和其他饮品的生产制造，确保生产过程的卫生和质量控制，以提供优质的产品。

品牌建设：在中游阶段，完善品牌形象和宣传营销策略，包括店铺装修设计、产品包装设计、品牌宣传活动等，确保品牌形象的一致性和吸引力。

库存管理：在中游阶段，确保库存合理，避免过多的库存积压或供应不足的情况发生，保持库存水平的稳定和合理。

销售渠道建设：在下游阶段，建立多样化的销售渠道，包括实体店、外卖平台、线上商城等，以满足不同顾客群体的需求。

顾客服务：注重顾客服务，提供良好的购物体验和售后服务，确保顾客满意度，提升顾客忠诚度和口碑传播效果。

学习活动 5　商业计划管控

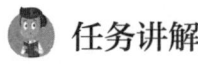 **任务讲解**

——知识解析——

1. 企业法律形式的选择（个体工商户）

企业法律形式是指企业在法律上的表现形式，依据不同的划分标准可以划分为不同的种类，我国原先依据所有制、部门、地域为标准划分的企业法律形式体系已经不能适应社会主义市场经济的需要，建立以组织形式、财产责任为划分标准的新型企业法律形式体系势在必行。

（1）企业的不同法律形式。根据《中华人民共和国公司法》《中华人民共和国证券法》《中华人民共和国中外合作经营企业法》《中华人民共和国外资企业法》等法律法规，中国企业的法律形式主要包括有限责任公司、股份有限公司、中外合资企业、中外合作企业、外商独资企业、合伙企业、个体工商户和农村承包经营户等。

对不同法律形式的企业，有不同的要求。例如，开办和注册企业的资金、开办企业手续的难易程度、风险责任的大小、纳税额的多少、筹措资金的难易、寻找合伙人可能性的大小、企业决策的复杂程度、企业利润的多少等。

因此，应该根据自己的经济实力和其他有关情况，选择适合的企业法律形式。

（2）企业法律形式的特点。不同的企业法律形式，其特点也各不相同，只有详细了解其特点，才能为选择企业的法律形式做好充分的准备。

1）个体工商户。个体工商户业主只需一个人或一个家庭，人数上没有过多限制，注册资本也无数量限制，开办手续比较简单。业主只需要有相应的经营资金和经营场所，到市场监督管理部门办理登记手续即可。个体工商户还可以根据自己的需要注册企业名称。在经营上，由于全部资产属于自己所有，决策程序比较简单，不受他人制约；在利润分配上，全部利润归自己或家庭，但同时对外要承担无限责任，相应的风险也比较大。

2）个人独资企业。个人独资企业在业主数量与注册资金上与个体工商户相似，但设立手续比个体工商户要复杂，需要有合法的企业名称、有投资人申报的出资、有固定的生产经营场所和必要的生产经营条件及必要的从业人员。在经营决策与利润分配上与个体工商户相似，决策程序简单，利润归投资人所有同时负无限连带责任。

3）合伙企业。合伙企业需要两个或两个以上的合伙人，无资本数量限制。成立条件较为复杂，需要两个或两个以上的合伙人订立书面合伙协议，有合伙人的实际出资、合伙企业的名称、经营场所和从事合伙经营的必要条件。合伙企业的合伙人要依照合伙协议共同经营、共享利益、共担风险，各合伙人按照协议分配利润，同时要对合伙债务负无限连带责任。

4）有限责任公司。有限责任公司需要由两个以上50个以下的股东组成，注册资金根据从事不同的行业而有所不同。同时，有限责任公司还需要股东共同制定公司的章程、建立符合要求的组织机构、有固定的经营场所和必要的生产经营条件，还应设立股东会、董事会和监事会，并由董事会聘请职业经理管理公司事务。有限责任公司办理开业登记的手续也较为复杂。有限责任公司的优点是股东按出资比例分配利润，并以认缴的实缴额为限承担有限责任，对创业者而言风险较低。

5）股份有限公司。股份有限公司对股东的数量未做具体规定，对注册资本数量也无具体限制，按股东出资比例分配利润，同时，股东以出资额为限对公司承担有限责任。在经营上，企业成员认股，一般实行全员入股，建立资本金制度，职工既是参股人又是劳动者。

6）中外合作经营企业。中外合作经营企业的投资人至少包括一个中方投资者和一个外方投资者。对于这类企业，法律并没有特殊的注册资本限制，但如果是有限责任公司形式的，注册资本要按照有限责任公司的规定执行，是股份有限公司的按照股份有限公司的规定执行。需要特别注意的是，申请设立中外合作经营企业，应当将中外合作者签订的合作协议、合同、章程等文件报请国务院对外经济贸易主管部门或者国务院授权的部门和地方政府批准后方可执行。中外合作经营企业按照合作合同分配利润，并且要承担其全部资产相当的债务责任。该种企业形式在经营上设立董事会或者联合管理机构，依照合作企业合同或者章程规定，决定合作企业的重大问题。中外合作经营企业的董事长或联合管理机构主任可由中国公民或外国公民担任，一方担任主任的，则副董事长或联合管理机构副主任由另外一方担任。

7）中外合资经营企业。中外合资经营企业投资人至少包括一个中方投资者和一个外方投资者，这种企业形式属于有限责任公司形式，注册资本按照有限责任公司的规定执行。申请设立中外合资经营企业，应当将中外合资者签订的协议、合同、章程等文件报请国务院对外经济贸易主管部门或者国务院授权的部门和地方政府审查批准，同时要求符合有限责任公司设立条件。外方投资者的投资比例一般不低于25%。中外合资经营企业的利润分配是按出资比例进行的，同时中外双方也要以出资额为限承担有限责任。在经营上，中外合资经营企业设立董事会，董事会人员由投资各方协商确定，一方担任董事长的，由另外一方担任副董事长，正副总经理也由合资各方分别担任。

2. 了解个体工商户注册流程

（1）申请。

1）申请人或者委托代理人可以直接到经营场所所在地登记机关登记。

2）登记机关委托其下属工商管理所办理个体工商户登记的，可到经营场所所在地市场监督管理部门登记。

3）申请人或者其委托的代理人可以通过邮寄、传真、电子数据交换、电子邮件等方式向经营场所所在地登记机关提交申请。通过传真、电子数据交换、电子邮件等方式提交申请的，应当提供申请人或者其代理人的联络方式及通讯地址。对登记机关予以受理的申请，申请人应当自收到受理通知书之日起5日内，提交与传真、电子数据交换、电子邮件内容一致的申请材料原件。

（2）受理。

1）对于申请材料齐全、符合法定形式的，登记机关应当受理。

申请材料不齐全或者不符合法定形式的，登记机关应当当场告知申请人需要补正的全部内容，申请人按照要求提交全部补正申请材料的，登记机关应当受理。可以当场更正申请材料错误的，登记机关应当允许申请人当场更正。

2）登记机关受理登记申请，除当场予以登记外，还应当发给申请人受理通知书。

对不符合受理条件的登记申请，登记机关不予受理，并发给申请人不予受理通知书。

申请事项依法不属于个体工商户登记范畴的，登记机关应当即时决定不予受理，并向申请人说明理由。

（3）审查和决定。登记机关对决定予以受理的登记申请，根据下列情况分别做出是否准予登记的决定：

1）申请人提交的申请材料齐全、符合法定形式的，登记机关应当场予以登记，并发给申请人准予登记通知书。

根据法定条件和程序，需要对申请材料的实质性内容进行核实的，登记机关应当指派两名以上工作人员进行核查，并填写申请材料核查情况报告书。登记机关应当自受理登记申请之日起15日内做出是否准予登记的决定。

2）对于以邮寄、传真、电子数据交换、电子邮件等方式提出申请并经登记机关受理的，登记机关应当自受理登记申请之日起15日内做出是否准予登记的决定。

3）登记机关做出准予登记决定的，应当发给申请人准予个体工商户登记通知书，并在10日内发给申请人营业执照。

4）不予登记的，应当发给申请人个体工商户登记驳回通知书。

（4）需准备的材料。

1）经营者签署的个体工商户注册登记申请书。

2）委托代理人办理的，还应当提交经营者签署的《委托代理人证明》及委托代理人身份证明。

3）经营者身份证明。

4）经营场所证明。

5）《个体工商户名称预先核准通知书》（设立申请前已经办理名称预先核准的须提交）。

6）申请登记的经营范围中有法律、行政法规规定的必须在登记前报经批准的项目，应当提交有关许可证书或者批准文件。

7）申请登记为家庭经营的，以主持经营者作为经营者登记，由全体参加经营家庭成员在《个体工商户开业登记申请书》经营者签名栏中签字予以确认。提交居民户口簿或者结婚证复印件作为家庭成员亲属关系证明，同时提交其他参加经营家庭成员的身份证复印件。

8）国家市场监督管理总局规定提交的其他文件。

3. 饮品门店类个体工商户商业计划书模板

（1）项目概述。

业务名称和主营业务：饮品门店的名称以及主要销售的饮品种类。

商业愿景：企业的长期目标和发展方向。

（2）市场分析。

目标市场：描述主要服务的消费者群体以及他们的消费习惯和需求。

竞争环境：分析竞争对手的情况，包括他们的优点和缺点。

（3）产品介绍。

饮品种类：详述门店提供的饮品种类和特色。

供应链：介绍原材料的采购渠道和标准。

（4）运营策略。

营业时间和地点：详述门店的营业时间和地理位置。

人员配置：包括店长、饮品制作员、服务员等。

（5）营销计划。

宣传方式：包括口碑传播、社交媒体宣传、优惠活动等。

客户关系维护：介绍如何提供优质的客户服务以保持和增加客户群。

（6）财务规划。

成本预算：估计初期开店所需的资金，以及日常运营的开销。

收益预测：预测在一段时间内可能的销售收入和利润。

——任务解析参考——

1. 查阅相关资料，了解企业法律形式的基础知识，解释表1-6中名词的含义。

表1-6　　　　　　　　企业法律形式涉及的名词及含义

名词	含义
个体工商户	个体工商户是指个人独自经营企业活动，不设立法人独立的企业实体。个体工商户经营者为企业的唯一责任人，对企业的经营结果和债务承担无限责任
个人独资企业	个人独资企业是由个人独自出资创办的企业，也是没有独立法人资格的实体。虽然也是由个人经营，但不同于个体工商户，个人独资企业通常采用注册企业名称，并具有法定的企业组织形式
合伙企业	合伙企业是由两个或多个自然人或法人共同出资、共同经营的企业形式。合伙企业分为普通合伙和有限合伙两种类型。在普通合伙中，所有合伙人对企业的债务承担无限责任；而在有限合伙中，至少有一个合伙人为有限合伙人，只对企业承担有限责任，其他合伙人为普通合伙人，对企业的债务承担无限责任。合伙企业通常依法成立合伙协议，并依法纳税
有限责任公司	有限责任公司是一种比较灵活的企业形式，它的特点是有限责任。有限责任公司的所有股东对企业的债务承担有限责任，即仅限于其出资额，个人财产与企业财产有法律上的分隔

2. 充分了解影响企业法律形式的因素，根据企业具体情况，决定企业的法律形式，详见表 1-7。

表 1-7　　　　　　　　　企业具体情况及综合考虑决定

考虑因素	具体内容	综合考虑决定
拟创办企业的规模	开设一家注重健康、口味新颖的饮品店	一个实验室主题的奶茶店，规模较小且主要由一位创业者管理，所以选择个体工商户更为适合
创业时所拥有的资金数	8 万元人民币	
共同创业人数	1 人	
创业的观念	通过创新饮品口味、推出特色系列、引入新鲜食材和设计独特的饮品概念，为顾客带来独特的奶茶体验	
所能承受的风险	财务风险、运营风险等	
所在行业的发展前景	奶茶已成为时下流行的饮品，吸引了广大消费者的关注和喜爱。尤其是青年群体对奶茶的需求较高，这为奶茶店提供了一个稳定的市场需求	

3. 请了解企业注册流程，阐述个体工商户注册应分为 _3_ 个步骤。

个体工商户注册：

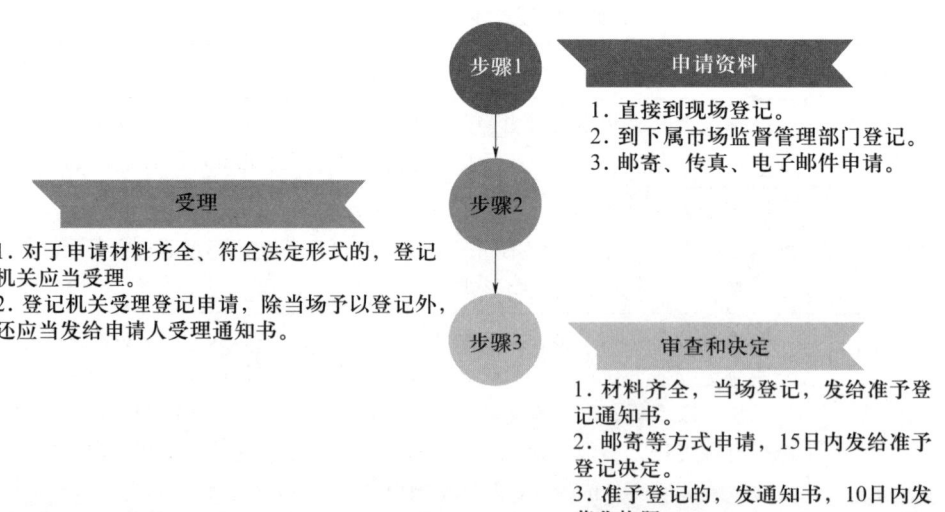

4. 请结合前面完成的任务内容，以表 1-8 的格式为依据，撰写一份创办个体工商户饮品店的商业计划书。

表 1-8　　　　　　　　　创办个体工商户饮品店商业计划书模板

（1）项目名称：饮品实验室

（2）项目简介

项目概述：本项目旨在创办一家以"实验室"主题为特色的饮品门店。我们将提供给客户一种独特的体验，让他们可以自己选择饮品的配料，并在专业人员的指导下亲手调制，享受到参与其中的独特乐趣。我们的目标是成为当地最受欢迎和最有创意的饮品店，并提供高品质的饮品和优质的服务。

商业愿景：我们的愿景是通过提供个性化和互动性的饮品体验，为客户带来新鲜、美味和健康的选择。我们希望成为人们心目中饮品创新和高品质的代名词，以及社区的社交和创意中心。通过不断引进新的口味和饮品概念，我们将满足不同客户群体的需求。

（3）市场分析

目标市场：我们的目标客户包括青年群体，尤其是大学生和年轻的职场人士。他们对个性化定制和潮流新鲜的体验充满兴趣。我们还将着重吸引饮品爱好者、探索者以及追求健康生活方式的人群。

竞争环境：我们将面临来自传统奶茶店和其他创新饮品店的竞争。然而，我们的独特卖点是提供个性化定制的饮品体验。我们将注重提供新颖、多样、高品质的饮品选择，并通过个性化的服务和创新的宣传方式吸引顾客。

（4）产品介绍

饮品种类：我们将提供多种茶底选择，包括绿茶、红茶、黑茶、青茶和香片等。口味方面，我们将提供各种水果口味、经典口味和特色口味。客户还可以选择甜度和冰量，以满足个人口味偏好。

供应链：为了确保原材料的新鲜和质量，我们将与可靠的供应商建立长期合作关系。我们将定期检查所有供应链环节，确保饮品原料的新鲜度和安全性。

（5）运营策略

营业时间和地点：我们计划在市中心或购物中心附近租赁一处面积适中的门店作为实验室饮品店的营业地点。营业时间为早上9点至晚上9点，以满足顾客在不同时间段的需求。

人员配置：店铺需要雇用热情的服务人员和具备专业知识的饮品调制师。服务人员将协助客户选择配料、提供建议，并指导客户参与饮品调制过程。

（6）营销计划

宣传方式：我们将利用多种宣传方式吸引客户，包括社交媒体广告、地方性广告传媒，以及与大学社团、活动组织合作。我们还将组织饮品品尝活动，举办特别推广活动，以增加品牌认知度。

客户关系维护：我们将重视客户关系的建立和维护，提供快速响应的客户服务，并定期举办促销活动推出会员制度，提供客户反馈。

（7）财务规划

成本预算：根据我们的预计，平均每月的成本预算大致为10万元。包括店铺租金和设施费用、原材料成本、人员成本、设备和器具购置成本、宣传和广告费用以及杂项费用等。

收益预测：根据我们的预估，每月的收益主要来自饮品销售和配料调制服务。预计每天平均客流量为200人，每杯饮品售价为15元，每单配料调制服务费为5元，预计每月销售饮品数量为9 000杯，配料调制服务预计每月提供400次。综合计算，预计每月的销售额约为13.7万元。

5. 根据现阶段商业计划书撰写内容，以表1-9为依据，在组内对商业计划书内容的达标情况进行互相评价，并提出修改建议。

表1-9　　　　　　　　　　　　商业计划书评价表

评价指标	完全符合 （最高分值）	得分	基本符合 （最高分值）	得分	不符合 （最高分值）	得分
创意存在差异化优势，具有技术可行性，能够解决实际问题	20		15		8	
市场调研情况准确，竞争情况清晰	15		10		5	
产品原型涵盖产品主要功能和特性，考虑用户习惯	20		15		8	
创业团队分工合理，商业模式信息全面	15		10		5	
风险考虑全面，风险应对措施合理	10		8		3	
计划书的内容完整，项目具有创新性和可实现性	20		15		8	
总得分						

学习活动 6　路演展示总结

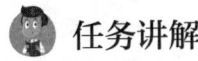任务讲解

——知识解析——

➤ **饮品门店类个体工商户的路演 PPT 框架参考模板**
（1）店铺概述：包含店铺的名字、位置、主打产品等基础信息。
（2）市场概况：描述所在地区或社区的消费需求和趋势。
（3）店铺特色：突出店铺的独特之处，例如独特的饮品口味、制作工艺或环境装饰等。
（4）竞品分析：列出周边的同类饮品店铺，并简单对比各自的优缺点。
（5）盈利计划：简述产品的价格定位、成本控制等，展现盈利能力。
（6）宣传计划：概述如何利用地方广告、社交媒体等方式吸引顾客。
（7）团队介绍：简单介绍店主和员工，例如对饮品制作的热情和经验等。
（8）发展展望：简要描述未来一段时间的目标和计划，例如新产品推出计划、店铺装修升级等。
（9）资金需求：列出资金需求和用途，例如店铺扩建、购买新设备等。

——任务解析参考——

1. 请依据你的商业计划书内容，明确路演 PPT 的核心内容及负责人，详见表 1-10，完成项目的路演 PPT 的制作。

表 1-10　　　　路演 PPT 的核心内容及负责人

PPT 页码	核心内容	负责人
1	店铺概述	张明
2	市场概况	张明
3	店铺特色	张明
4	竞品分析	李婷
5	盈利计划	李婷
6	宣传计划	卓小明
7	团队介绍	卓小明
8	发展展望	李华
9	资金需求	李华

2. 小组在指定的展播设备中展示项目路演 PPT，并推选一个代表简述内容。
3. 其他组以小组为单位，以表 1-11 为依据，给作品打分。

表 1-11　　　　　　　　　　　　路演 PPT 评价表

组别		项目名称	
序号	项目	评价指标	分值 0~12.5
1	项目名称	能够简洁、准确地反映项目的核心概念和商业价值	
2	项目背景	能够提供清晰、全面的市场信息	
3	项目痛点	能够准确地识别并阐述目标市场中存在的关键痛点	
4	解决方案	具有创新性、可行性，且能够有效地解决市场痛点问题	
5	商业模式	选择的商业模式可行，并能够有效地创建、传递和获取价值	
6	创业团队	团队成员具有多元化的技能，能够分工协作互补	
7	风险预测	能够全面地预测可能存在的风险	
8	风险措施	对应前面预测的风险，能够制订应对策略以及风险防控计划	
		总分	
综合评价	请根据下列提示，分别写出该计划书的优缺点（不少于 2 点）。 1. 商业计划书较好的地方： 2. 商业计划书需要改进的地方及改进建议：		

评价人：　　　　　　　　　　　　　　　　　　　　　　　　年　月　日

 完善计划书与 PPT，交付文件

1. 完善本次饮品店的商业计划书与项目 PPT，于线上提交文件。

2. 于线上提交项目小结，反思本次任务的学习情况。

任务评价指标

1. 市场背景调研

评估学生能否根据位置分析和口碑调查,准确地描述出饮品门店的市场背景。关键的评估点包括能否理解并正确运用位置分析和口碑调查的方法,并基于此制定出符合实际的市场策略。

2. 创新创意规划

评估学生能否运用差异化思维,提出有创新性的饮品店项目创意,并进行合理的描述和解释。关键的评估点包括能否确定一个满足条件的需求,并对此需求进行创新思考。

3. 创业决策设计

评价学生能否根据原型制作和 A/B 测试的结果进行创业决策和设计。关键的评估点包括原型制作的质量,以及 A/B 测试结果的分析和应用。

4. 商业落地实施

评估学生能否理解并实施饮品店的商业落地策略,包括确定企业的人员组成,制定社交媒体营销策略,以及对上、中、下游产业链的理解。关键的评估点包括企业的人员组成、社交媒体营销策略的实施,以及对整个产业链的理解。

5. 商业计划管控

评价学生能否理解并实施商业计划的管理和控制,包括选择合适的企业法律形式(个体工商户),以及完成饮品店的商业计划书。关键的评估点包括商业计划书的质量,以及对企业法律形式的理解和选择。

6. 路演展示总结

评估学生能否清楚、有逻辑地进行路演展示,包括对饮品店的痛点、解决方案、商业模式等要点进行展示。此外,还要看他们能否对项目的整体模式进行总结分析,找出不足,并提出改进措施。关键的评估点包括 PPT 的内容和结构,以及整个路演的逻辑性和说服力。

学习任务二　家用设备维修类个人独资企业创办策划

教学目标

1. 学生能够根据课程资源和案例分析市场背景调研的重要性，并能运用SWOT分析工具，明确这些工具在确立家用设备维修服务的市场定位和品牌形象中所起到的关键作用。

2. 学生能够通过创新创意规划，识别一个优秀需求必须满足的具体条件，并能掌握SCAMPER创新技巧和需求的不同等级，在家用设备维修行业中构建具体的创新服务项目和方案。

3. 学生能够在创业决策与设计环节，学会如何制作服务原型和进行用户测试，并能准确描述这些工作的具体方案和结果，以确保在创业决策和设计中具有充分的理论支撑和实证数据。

4. 学生能够了解创业团队的构成，并能运用预算的制定方法和价值主张画布，助力商业计划的有效实施，并成功运营家用设备维修服务业务。

5. 学生能够识别适合家用设备维修行业的企业法律形式，例如个人独资企业，能解构并理解针对家用设备维修的具体商业计划书。

6. 学生能够掌握家用设备维修项目路演PPT的具体框架结构和评价标准，并能清晰阐述商业计划的关键内容和价值。学生还应能够整理并归档所有工作过程中的记录、文档、素材等，并撰写项目小结报告。

教学活动安排

学习环节与学时	学生活动	教师活动
市场背景调研 （3学时）	1. 收集行业信息 2. 进行SWOT分析	1. 教授SWOT分析的方法和应用 2. 指导市场调研
创新创意规划 （3学时）	1. 运用SCAMPER技巧 2. 观看MG动画，设计超出预期的服务	1. 引导学生产生创新的维修方案 2. 设计超出用户预期的感知价值
创业决策设计 （2学时）	1. 设计和制作家用设备维修服务模式的原型 2. 进行用户测试，验证服务模式的可行性	1. 指导学生进行原型制作 2. 教授用户测试的方法

续表

学习环节与学时	学生活动	教师活动
商业落地实施 （2学时）	1. 组建创业团队 2. 制定预算 3. 使用价值主张画布	1. 指导学生进行团队建设 2. 指导学生制定实际可行的预算 3. 指导学生明确服务价值
商业计划管控 （3学时）	1. 选择适合的企业法律形式 2. 编写完整计划书	1. 讲解各类企业法律形式的选择及其优劣 2. 指导完善计划书
路演展示总结 （3学时）	1. 制作路演PPT 2. 进行路演展示	1. 指导学生制作路演PPT并开展路演 2. 点评、总结项目

教学工具

类别	具体工具
讲义（PPT）	家用设备维修类个人独资企业创办策划
视频资料	案例：创办一家手机维修中心
教具	互动式白板、发掘用户痛点场景工具套装

学习环节详解

学习环节	具体内容
市场背景调研	运用SWOT分析，深入了解家用设备维修市场的优势、劣势、机会和挑战，以此为基础进行企业创办策划
创新创意规划	采用SCAMPER技巧产生创新的维修方案，通过理解需求的等级，利用MG动画为产品设计超出用户预期的感知价值
创业决策设计	设计和制作家用设备维修服务的原型，进行用户测试以验证服务模式的可行性
商业落地实施	组建创业团队，明确各成员角色和职责，制定预算，并构建价值主张画布，详细描述服务的价值
商业计划管控	选择适合的企业法律形式，了解个人独资企业工商注册流程，评估法律和合规风险，制定一份详细的家用设备维修商业计划书
路演展示总结	制作一份家用设备维修类个人独资企业的路演PPT，依据评价表进行自我检查和修正并开展路演

教学重难点

教学重难点①	重点：创新创意规划和家用设备维修类个人独资企业的落地实施策划。 原因：在家用设备维修行业中，创新的思维方式对于提供有吸引力的服务和区分竞争者至关重要。另外，家用设备维修类个人独资企业的落地实施策划能够有效地将创新的想法转化为可行的商业行动。
处理建议	突破方法： 1. 线上自主学习。在课程开始前，教师将提供关于创新创意规划和商业落地实施的线上学习资源，学生需通过自主学习和深化理解准备课程活动。 2. 工具引导分析。通过组内讨论，引导学生运用SCAMPER技巧和需求等级分析，探索和确定家用设备维修服务的创新点，以确保家用设备维修类个人独资企业创办策划的顺利进行。 3. 任务驱动实施。在理解市场特点和创建独特服务点的基础上，构建家用设备维修服务的原型，进行用户测试验证，最后以个人独资企业的法律形式将其落地实施，并进行预算制定和价值主张画布制作。落地后，需要编制商业计划书进行管控，最后通过路演的形式总结学习成果，对家用设备维修类个人独资企业的创办策划进行展示和自我反思。 4. 展示汇报分享。在课堂上，学生将展示和分享他们的商业计划书和路演PPT，通过分享总结家用设备维修类个人独资企业创办策划的关键点，巩固所学知识。同时，结合教师的点评，提醒学生重视商业计划书的制定和实施，这是创业成功的关键。
教学重难点②	难点：家用设备维修类个人独资企业的创新创意规划。 原因：在竞争激烈的家用设备维修市场中，能够产生独特且创新的创意对于企业取得竞争优势至关重要。然而，这需要对市场有深入的理解和创新思维，这对于创业者来说是一项挑战。
处理建议	化解方法： 1. 案例引导。在开始策划之前，可以先学习一些成功的家用设备维修企业的案例，了解他们是如何进行创新创意规划，如何利用SCAMPER技巧等产生创意的。 2. 需求分析。对家用设备维修市场进行深入的需求分析，了解用户的真正需求，这可以帮助学生更好地进行创新创意规划。 3. 利用工具。利用如SCAMPER等创新思维工具进行创新创意的生成，同时，对需求等级有深入的理解也是很有必要的。 4. 团队讨论和交流。通过团队内部的讨论和交流，可以产生更多的创意，也可以在团队成员之间进行创意的碰撞和优化。 5. 实践实施。将创新创意转化为实际的企业行动，通过实地考察和模拟操作，实施创业决策和设计，不断优化和调整，以保证创意的实际效果。 6. 持续学习和优化。在创业过程中，需要持续学习和优化，不断提升自己的创新能力和实施能力，以确保企业的成功。

学习活动 1　市场背景调研

任务导入

任务名称：家用设备维修类个人独资企业创办策划
任务内容描述： 　　某清风学院即将毕业的某学生，计划在自己的家乡（中等城市）的社区居民区，开设一家提供家用设备维修服务的个人独资企业。这家企业主要面向两类家庭，一类是年轻家庭，特别是新成立的两口之家，他们可能面临不断增长的家用设备使用需求，由于自身忙碌的工作，他们更倾向于寻求高效、质量有保证的维修服务；另一类是老年家庭，他们可能由于年龄原因，不方便处理一些复杂的家用设备维修问题。为实现这个目标，该学生计划投入大约 10 万元人民币，用于购置维修工具、租赁工作室、做广告宣传、采购零部件以及获取必要的资质证书等初期投入。由于该学生的创新创业能力不足，他需要在接下来的 8 天内参加一门创新创业课程，以弥补这个不足，在课程中，他将进行家用设备维修个人独资企业创办策划，从产生创意构思，到形成创业计划书，再到进行路演，全面提升自己的创业能力。 　　设备维修店组：负责规划店面选址、装修设计、招聘工人、价格策略等方面。同时，需要考虑如何在社区内推广店铺，让社区更多人知道，以提高店铺的知名度。 　　该项目包含以下 6 个项目的策划内容： 　1. 市场背景调研 　2. 创新创意规划 　3. 创业决策设计 　4. 商业落地实施 　5. 商业计划管控 　6. 路演展示总结 任务最终以交付商业计划书和路演 PPT 的形式进行效果检验。
任务开始时间：　　年　　月　　日　　　　任务结束时间：　　年　　月　　日
最终交付商业计划书的文件格式：Word 文档、PPT 文档
项目要求　　1. 商业计划书包括项目背景、现状分析、解决方案、商业模式、创业团队和风险预测等内容。 　　2. 最终交付 Word 版商业计划书和路演 PPT 并进行路演。

任务目标和相关要求

1. 理解家用设备维修类个人独资企业创办的任务描述和要求

目标：全面理解家用设备维修类个人独资企业创办任务的内容和要求。

要求：通过 SWOT 分析进行市场背景调研，精确理解家用设备维修市场的优势、劣势、机会和挑战。

2. 运用创新思维模型，如 SCAMPER，产生创意并应用于家用设备维修服务

目标：掌握 SCAMPER 技巧，并能够应用于产生创新的维修类项目方案。

要求：利用 SCAMPER 技巧，提出创新的维修类项目方案，并进行合理的描述和解释。

3. 进行创业决策设计，包括原型制作和用户测试，验证和评估服务模式的可行性

目标：能够进行服务设计与创新，并利用原型制作、用户测试，验证和评估服务模式的可行性。

要求：设计和制作家用设备维修服务的原型，进行用户测试，收集和分析测试结果，并评估服务模式的可行性。

4. 理解和实施商业落地策略，包括明确创业团队的构成，制订预算，以及构建价值主张画布

目标：了解创业团队与管理的基本概念和要素，并能够应用于家用设备维修服务的组织和运营。

要求：描述创业团队的构成和角色分工，制定预算，并构建价值主张画布，详细描述服务的价值。

5. 理解并实施商业计划的管理和进行合规风险控制，包括选择合适的企业法律形式（个人独资企业）、评估法律和合规风险、制定家用设备维修类项目商业计划书模板结构

目标：能够评估风险和设计家用设备维修类项目商业计划书，包括财务预测和营销策略，以确保商业成功。

要求：描述家用设备维修项目的商业计划，包括财务预测、营销策略、风险控制，并说明如何确保商业成功。

6. 准备并进行路演展示总结，包括完成家用设备维修类项目路演 PPT 的设计，理解和使用家用设备维修类项目路演 PPT 评价表

目标：能够撰写完整的家用设备维修类项目路演 PPT，包括项目描述、市场分析、商业模式等内容。

要求：根据计划书制作 PPT，撰写完整的家用设备维修类项目商业计划书，包括项目描述、市场分析、商业模式等内容。

 任务讲解

——知识解析——

> **SWOT 分析**

SWOT 分析是一种常用的战略管理工具，用于评估一个组织、产品、项目或个人的优势、劣势、机会和威胁。通过分析内部和外部的环境因素，帮助组织或个人制定战略决策，并发现潜在的发展机遇和挑战。SWOT 分析涵盖了四个关键要素：优势（Strengths）、劣势（Weaknesses）、机会（Opportunities）和威胁（Threats）。

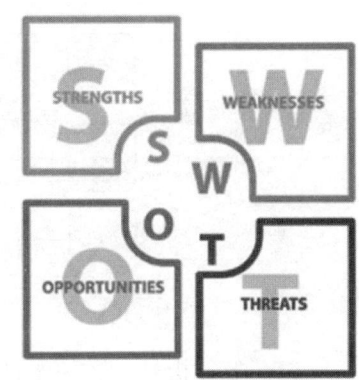

运用这种方法，可以对研究对象所处的情景进行全面、系统、准确的研究，从而根据研究结果制定相应的发展战略、计划以及对策等。

优势（Strengths）。优势指的是相对于竞争对手的内部有利条件，是组织机构的内部优势因素，具体包括有利的竞争态势、充足的财政来源、良好的企业形象、技术力量、规模经济、产品质量、市场份额、成本优势、广告攻势等。

劣势（Weaknesses）。劣势是指相对于竞争对手的内部不利条件，也是组织机构的内部劣势因素，具体包括设备老化、管理混乱、缺少关键技术、研究开发落后、资金短缺、经营不善、产品积压、竞争力差等。

机会（Opportunities）。机会是指外部环境中对组织、产品、项目或个人发展构成有利因素的机遇，是组织机构的外部机会因素，具体包括新产品、新市场、新需求、外国市场壁垒解除、竞争对手失误等。

威胁（Threats）。威胁是指外部环境中对组织、产品、项目或个人发展构成潜在风险和挑战的因素，是组织机构的外部威胁因素，具体包括新的竞争对手、替代产品增多、市场紧缩、行业政策变化、经济衰退、客户偏好改变、突发事件等。

SWOT 分析的核心思想是将内部和外部的环境因素相结合，识别优势和劣势，并发现机会和威胁。通过充分了解自身的优势和劣势，抓住机遇并积极应对威胁，制定出更加具有竞争力和可持续发展的战略。在实际应用中，可以通过召开会议、进行问卷调查、收集数据等方式进行 SWOT 分析。分析结果可以用于制定营销策略、产品改进、资源配置以及风险管理等方面，帮助组织或个人做出明智的决策和行动。

——任务解析参考——

1. 如图 2-1 所示，简述 SWOT 包含的内容。

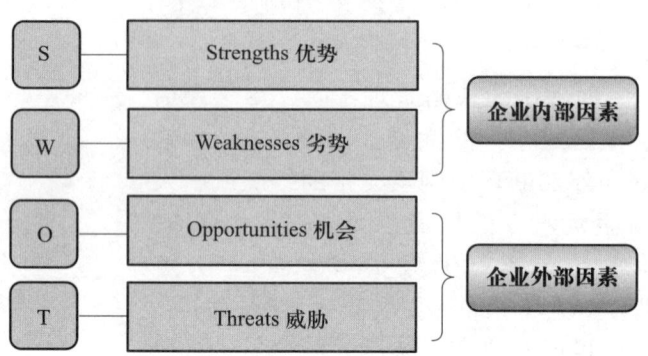

图 2-1　SWOT 包含的内容

SWOT 分析是一种用于评估一个组织、产品、项目或个人的优势、劣势、机会和威胁的战略管理工具。其中，优势指的是相对于竞争对手的 内部有利条件 ；劣势是指相对于竞争对手的 内部不利条件 ；机会是指外部环境中对组织、产品、项目或个人发展构成有利因素的机遇，如市场需求的增长和变化、新技术的出现等；威胁是指外部环境中对组织、产品、项目或个人发展构成潜在风险和挑战的因素，如新竞争对手的进入，技术的迅速过时等。通过识别和应对 威胁 ，可以减少风险并保持竞争力。

2. 用 SWOT 工具填写创业项目的优势、劣势、机会、威胁，并找到项目存在的市场机会。

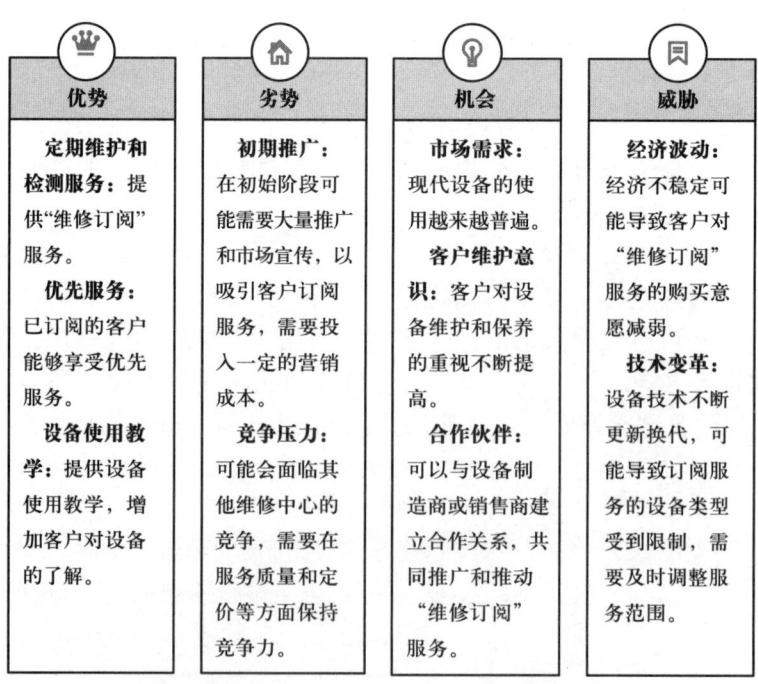

3. 请分析由 SWOT 工具得到的信息，得出市场调研结论。

市场机会：

（1）市场需求增长：现代设备的广泛应用使维修服务需求不断增加，"维修订阅"服务可以满足客户对设备定期维护和检测的需求，有机会吸引更多客户。

（2）客户维护意识提升：随着客户对设备维护和保养的重视程度不断提高，"维修订阅"服务具有较高的受欢迎程度，可以帮助客户提高设备的使用寿命和效率，不断扩大市场需求。

（3）合作伙伴关系：与设备制造商或销售商的合作可以扩展潜在客户群体，共同推广和推动"维修订阅"服务，增加市场曝光和销售机会。

结论：

基于 SWOT 分析的结果，设备维修中心创业项目存在较多的市场机会。市场需求增长、客户维护意识的提升和合作伙伴关系的建立可以为"维修订阅"服务的推广和销售提供良好的市场背景。然而，项目也面临一些挑战，如初期推广和市场竞争压力较大，需要在执行过程中注重解决这些问题。

学习活动 2　创新创意规划

任务讲解

——知识解析——

1. SCAMPER 法

SCAMPER 法，又被称作奔驰法，是由鲍勃·埃伯勒（Bob Eberle）于 1971 年创建的一种思维工具。这种方法在设计冲刺阶段常被用于激发团队的创意和想法。如图 2-2 所示，SCAMPER 由七个英文单词的首字母组成，分别代表了七种不同的思维方式：

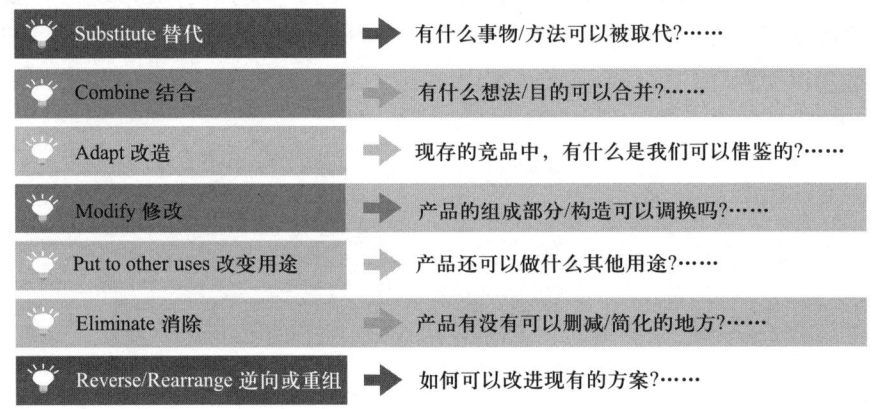

图 2-2　SCAMPER 法

通过尝试以上七种思维方式，可以帮助使用它的人提出非典型的问题解决方案。当很难提出新想法或尝试开发、改善产品或服务时，都可以使用 SCAMPER 法。

SCAMPER 的具体解释如下：

（1）S=Substitute（替代）。在对任何主题、产品、服务等进行创新设计时，可以通过"找替代"而获得新的创意。找替代是创新的基本方法之一，可以通过替代地点、材料、人员、环境、方法、项目等实现。例如，咖啡在商场或者专卖店卖，问"还有哪些地方可以卖咖啡且与原来的卖法不一样？"这样就有了瑞幸咖啡；原来的摄影底片是玻璃的，问"还可以找到其他材料吗？"于是柯达发明了胶卷；问"还有什么东西可以替代电脑？"于是就有了智能手机。

（2）C=Combine（结合）。创新设计可以利用组合提问而得到答案。

1）材料组合：比如匈牙利科学家将水泥和纤维组合得到了透光混凝土。

2）单元组合：比如将照相机、手机、收音机等进行组合，就是现在的智能手机，将智能手机和刮胡刀组合成男士使用的智能手机，将医用透视机和手机组合就是家庭医疗器械手机。

3）创新组合：将胶片和使用新胶卷的照相机组合得到拍立得，将智能手环和咕咚运动组合获得健康医生。

4）目的组合：将汽车和飞机组合起来，发明了会飞的汽车。

5）产品组合：将传感器和记号笔结合起来，发明了电子画笔，这样在远程教学中，教师在白板上画的任何图形可以被远程看到。

6）资源组合：将汽油、天然气、太阳能结合起来，获得了混合动力节能汽车等。

通过各种组合，可以发现更多新的创意！

（3）A=Adapt（改造）。创新设计可以通过思考"从其他行业或者个人那里，我能借鉴到什么"等问题来实现。"洋为中用，古为今用"就是这个道理。

1）行业借鉴：将主动销售搬到银行，就有了集团销售部和私人银行；将戴尔电脑的直销模式借鉴到汽车，就有了 Mini Cooper。

2）创意借鉴：从人力资源外包到 IT 外包、生产外包、服务外包，现在形成一个外包产业链，再到云技术的出现，几乎就是服务外包到网上。

3）模式借鉴：从网上销售书籍的亚马逊，到电子商务、电子银行等，很多实体企业转为网上企业。

4）行为借鉴：由鸟会飞，发明了风筝、滑翔机、飞机、宇宙飞船；由带齿的草划破手发明了锯齿；由壁虎在墙上爬行发明了强黏合壁虎手套，使人们可以像蜘蛛侠那样，在垂直光滑的墙壁上行走。

（4）M=Modify（修改）。通过思考"产品在哪些方面可以改进"等问题实现创新。

1）外形改进：乔布斯将电脑操作系统由文字改为图形，就有了视窗和苹果触摸界面。

2）功能改进：从袖珍游戏机到电视游戏机再到 QQ 游戏。

3）方案改进：销售人员在卖产品时，会强调产品的功能，这样经常会打价格战，而为了避免价格战，可改为提高产品附加值，比如增加服务。

（5）P=Put to other uses（改变用途）。创新设计可以通过询问"该产品还可以有其他什么用途"等来实现。什么是我们可以想到的最稀奇古怪的新用途？什么是最现实的？在过去的 10 年里人们是如何使用的？

1）转换用途：比如保健品在转换为送礼的礼品时，其价值就变了，卖得很火；苹果是水果，但榨成果汁、变成圣诞礼物或者请名人签字拍卖，其价值就会完全不同。

2）变废为宝：葡萄籽本是废物，后来被人们发现有美容作用，结果价值非常高。

3）寻找利用：废弃的打箱带编织成菜篮；卫生纸的纸筒扎起来后可以装充电线；各种废弃包装制作为艺术品、装饰品等。

4）多种用途：如出海游时用避孕套装手机、照相机，可以使其不会进水。

（6）E=Eliminate（消除）。通过思考"产品在哪方面可以变小、淘汰、忽略、简化、拆分和减少"来实现创新。比如，如果产品小一点，又该如何？如果少一点东西，又会发生什么？哪些特性或者部分可以被忽略或者忽视掉？

1）变小创新：从巨大的收录机到随身听，再到 MP3。

2）淘汰创新：电脑的键盘由大变小，再到语音键盘、触摸式屏幕。

3）忽略创新：滑水需要驾驶员，能否忽略驾驶员而由滑水员自驾滑水船？

4）简化创新：宇航员衣服太重，能否发明一种保温涂料，将其涂在宇航员身上，既可保温，还可减轻重量。

5）拆分创新：蓝纳克斯将非常昂贵的精美瓷器分部分销售，新娘结婚时，可让不同的朋友到蓝纳克斯购买瓷器，客人只要讲清新娘的姓名或者代号，就可以买到瓷器的某个部件，每人既不会花费太多，新娘还可以获得一套瓷器；在卖肉的时候，大家将鸡或者鸭按照部位销售，不但方便大家购买，还提高了销售的收益。

6）减少创新：手机功能太多不适合老年人使用，于是生产商发明了只接打电话，而且铃声较大、字号较大的老年手机。

（7）R=Reverse（逆向）或 Rearrange（重组）

Reverse（逆向）。将流程、创意或者失败的部分进行逆向思维，通过思考"这样的结果会如何"而获得新的创意。反过来会是什么？我们可否将正反面调换？调换一下关系，结果会如何？

不要问为何做错了，而是问已做了什么？比如杜康之子做酒时由于失败而发明了醋。别人都白天种地，那晚上种地又如何？结果发现晚上种的庄稼周围长的杂草减少了。高档衣服干洗的成本高，问如不干洗该怎样？结果发明了去皱去味设备。

Rearrange（重组）。通过思考"部件流程是否可重组"等问题实现创新。如何重新排列可能会更好？我可以交换这些部件吗？可以转换原因和结果吗？26个英文字母可写出喜剧，也可写出悲剧；七巧板可以拼出成千上万的图形；将汽车和飞机重组，发明了会飞的汽车；将刀子、剪子、改锥等重组在一起就有了瑞士军刀；将咖啡和服务重组就产生了星巴克；将互联网和银行重组就有了互联网金融；将租赁和金融组合就有了金融租赁；将供应商和金融组合就有了供应链金融；将线上线下相结合就有了O2O。

2. 需求的等级

需求的等级分为以下5个层次：

（1）基本需求。这是最基础和最迫切的需求，包括食物、水、空气、睡眠、庇护和健康等。当这些基本需求未得到满足时，人们会感到生存的压力。

（2）安全需求。这些需求与人的生存和安全有关，包括个人安全、经济安全、身体安全、住所安全和健康安全等。满足这些需求可以给人带来稳定感和保护感。

（3）社交需求。这是人类对社交互动和归属感的需求，包括友谊、爱情、亲密关系、社区和群体归属等。人们渴望与他人建立联系和获得认同。

（4）尊重需求。这些需求涉及自尊、自信、尊重和成就感等方面，包括对自己的尊重和获得他人的认可与赞赏。满足这些需求可以使人增强对自我形象的认同感。

（5）自我实现需求。这是较高层次的需求，涉及个人发展、成长和潜能愿望的实现。满足这些需求意味着自我价值的实现和个人目标的达成。

——任务解析参考——

1. 简述 SCAMPER 法的七个思维方式。

SCAMPER 法，又被称作奔驰法，是由鲍勃·埃伯勒（Bob Eberle）于 1971 年创建的一种思维工具。这种方法在设计冲刺阶段常被用于激发团队的创意和想法。SCAMPER 由七个英文单词的首字母组成，分别代表了七种不同的思维方式：Substitute（替代）、Combine（结合）、Adapt（改造）、Modify（修改）、Put to other uses（改变用途）、Eliminate（消除）、Reverse/Rearrange（逆向或重组）。

2. 如图 2-3 所示，请运用 SCAMPER 技巧对本项目进行再创造，寻找设备维修店的新创意。

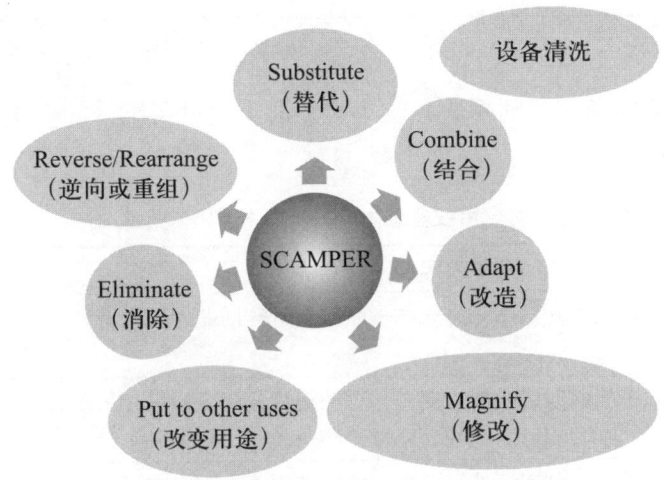

图 2-3　运用 SCAMPER 技巧对本项目进行再创造

3. 请使用 SCAMPER 技巧工具产生创意后，记录和整理你的各种创意和概念，挑选出你最想实施的想法作为创新项目的创意点子，详见表 2-1。

表 2-1　你的创意

创意编号	创意描述
1	例如：设备维修后附加设备清洗服务
2	与设备制造商合作，为订阅客户提供免费的设备升级或替换计划
3	开发一个移动应用程序，订阅客户可以使用该应用程序随时预约维修、查询维修记录并进行付款
4	通过远程连接和诊断软件提供虚拟"维修订阅"服务

4. 根据需求层次理论，人们的需求分为五级，从低到高依次为基本需求、安全需求、社交需求、尊重需求和自我实现需求。如图 2-4 所示，请利用差异化思维，结合家用设备维修业务的特性，分析和创新规划这五种需求在一个家用设备维修个人独资企业中的应用。

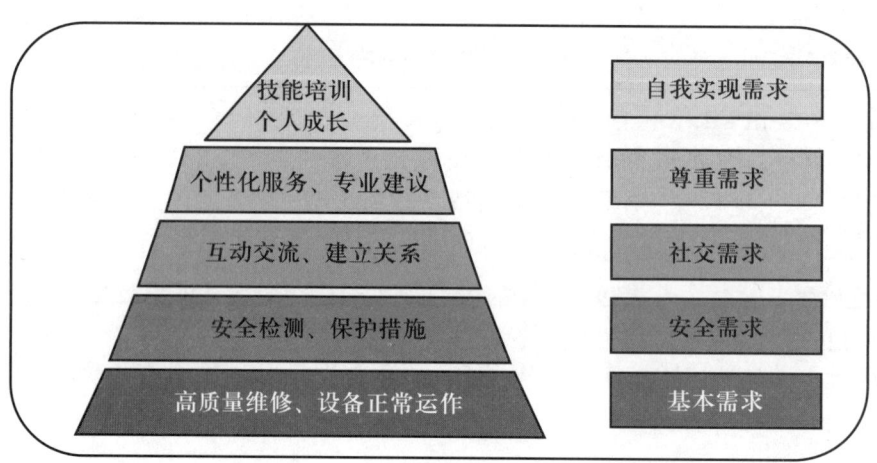

图 2-4 需求层次理论在家用设备维修个人独资企业中的应用

5. 通过走访或问卷调查的形式，收集客户对家用设备维修的需求情况，细分需求等级，详见表 2-2。

表 2-2　　　　　客户对家用设备维修的需求内容及需求等级

需求内容	需求等级
设备不能正常运行：无法开机、无法充电、频繁死机等问题，对设备的日常使用造成严重影响	基本需求层次
设备性能下降：如手机电池续航能力变差、电脑运行速度变慢等，虽不影响设备的基本使用，但客户还是希望能够得到解决	安全需求层次
设备外观损坏：如手机、电视等外观出现划痕、破损等，不影响设备的基本使用，但影响美观	社交需求/尊重需求

6. 根据不同层次的需求，可以对市场进行细分。通过对目标市场进行细分，企业可以针对不同需求层次的消费者开展精准的营销活动，满足其特定需求，详见表 2-3。

表 2-3　　　　　　　　需求等级及对应的解决方法

需求等级	如何解决其需求
基本需求层次	提供高性能的产品，满足消费者对品质和创新的追求。通过持续研发和技术创新，使产品具有先进的功能和性能，以满足客户的高级需求
安全需求层次	提供具有合理价格和可靠品质的产品。通过优化供应链和提高生产效率，降低成本，以提供高性价比的产品。提供全面的售后服务和保修政策，增强产品的可靠性
社交需求/尊重需求	提供简单易用且功能稳定的产品。设计直观的用户界面，提供详细的产品说明和使用指南，以确保用户能够轻松上手并充分发挥产品的基本功能

学习活动 3　创业决策设计

任务讲解

——知识解析——

1. 原型制作（在学习任务一学习活动 3 中具体提及）

2. 用户测试

用户测试，顾名思义是指测试人员在将产品交付客户之前，处于用户的角度进行一系列的体验使用，如：界面是否友好（吸引用户眼球，使人眼前一亮）、操作是否流畅、功能是否达到用户使用的要求等。用户测试是一种评估产品、服务或系统的方法，通过观察和分析实际用户测试，了解用户在使用产品时遇到的问题、需求和反馈，以便改进产品的设计和功能。

在用户测试中，研究人员通常会选择一组具有代表性的目标用户，邀请他们参与测试活动。测试可以在实验室环境中进行，也可以在用户自己的日常生活环境中进行。用户可能会被要求完成特定的任务、回答调查问卷、提供反馈意见等，以便评估产品在不同方面的表现和用户的感受。用户测试通常关注以下几个方面：

（1）功能性。测试产品是否能够实现预期的功能，以及用户能否顺利完成任务。

（2）可用性。评估产品的易学性和易用性，测证用户能否迅速熟悉产品并正确地使用产品。

（3）用户体验。了解用户在使用产品时的感受、情感和满意度，包括界面设计、交互流程、反馈机制等方面。

（4）改进需求。识别用户在使用产品时遇到的问题、痛点和需求，为产品的迭代和改进提供指导和建议。

通过用户测试，产品研发团队可以获得来自真实用户的直接反馈和洞察，以便优化产品设计、改进用户体验，并为最终产品的发布做出决策。用户测试是设计过程中的重要一环，有助于确保产品与用户的需求和期望相符，提高产品质量和市场竞争力。

——任务解析参考——

1. 根据原型制作要求，完成创办家用设备维修店任务决策清单，详见表 2-4。

表 2-4　　　　　　　　　创办家用设备维修店任务决策清单

制作阶段	任务描述	确定方案内容
功能验证	制作原型以模拟真实的操作流程，验证维修店的各项服务是否满足用户的需求和预期	验证维修店的各项服务是否满足用户的需求和预期，收集用户反馈并进行优化，为正式运营做好充分准备，确保提供优质的维修服务和用户体验
用户体验设计	设计和评估维修店原型的用户界面和体验	重点设计和评估维修店原型的用户界面和体验，确保界面简洁直观、操作流程流畅，用户能够轻松完成维修申请、设备检测预约以及"订阅服务"等操作，提高用户的满意度和便利性
技术验证	验证原型技术的可行性和可靠性，包括设备的布局、使用和安全性等	验证原型技术的可行性和可靠性，包括设备的布局、使用和安全性等方面。通过技术实现的可行性评估，确保维修店设备的正常运作，同时进行安全性测试，预防潜在的安全漏洞和数据泄露，为维修店的顺利运营打下坚实基础
用户测试	通过用户测试收集反馈，对原型进行进一步的改进和优化	通过用户测试收集反馈，对原型进行进一步的改进和优化。邀请用户参与测试，观察他们的操作行为和听取反馈意见，以了解用户的体验和需求，针对性地改善原型，确保维修店的服务能够符合用户期望，并提供更优质的用户体验

2. 请整理项目清单，进行项目工作内容分工，详见表 2-5。

表 2-5　　　　　　　　　项目工作内容分工

项目工作内容	负责人	完成时间
功能验证原型制作	小明	××月××日
"维修订阅"服务模拟	小明	××月××日
客户反馈信息收集	小明	××月××日
优化和改进	李华	××月××日
技术可行性评估	李华	××月××日
安全与隐私保护	李华	××月××日
外观设计展示	张婷	××月××日
技术验证原型制作	张婷	××月××日
用户测试	张婷	××月××日

3. 根据以上工作清单，哪些内容是你现在无法完成的？如何解决？

> 无法直接完成的项目工作包括：技术验证原型制作、客户反馈信息收集、安全与隐私保护。
> （1）缺乏必要的实践经验和资源来进行真实的手机维修技术验证。
> （2）可能没有足够的设备和工具，或者可能缺乏在现实环境中制作和测试原型的机会。
> （3）可能没有实际的客户提供反馈，可能需要依赖模拟的反馈或者理论上的反馈模型。这将无法提供真实的用户反馈信息。
> （4）可能不会面对真实的客户数据，因此，将无法充分理解和处理在真实环境中可能遇到的数据保护和隐私问题。

4. 请运用手上所拥有的资源，制作家用设备维修个人独资企业的项目原型，详见表 2-6。

表 2-6　　　　　　　家用设备维修个人独资企业项目原型

产品形态	具体设计描述
以纸质的形式来模拟一个简化版的手机应用界面。 这个应用的主页设计上，会有一个"在线预约"的按钮，模拟用户能通过点击此按钮进行服务请求。而在另一个页面中，设想会有一个简单的表格或列表，显示出一支虚拟的技术人员团队，并附上他们的基本信息和技能。 此外，添加一个设备使用教学区域，在这个部分，用户可以查看基本的设备使用和保养知识，帮助他们更好地理解如何维护和保护自己的设备。	界面设计：应用程序和网站将拥有简洁且直观的界面设计。主页将包含所涉及服务的清晰描述，以及一个简单的表格，让客户可以轻松地提交服务请求。 预约服务：客户可以通过应用程序或网站预约设备检查和维修服务。他们可以选择方便的日期和时间，技术人员将会在这个时间段内到访。 设备使用教学：应用程序和网站将提供设备使用教学视频。 订阅服务：客户可以选择订阅"维修订阅"服务，订阅者可以享受一年内定期的设备检测和维护服务，以及设备维修时的优先服务。

5. 请进行用户测试，制定合适的测试方案，并记录用户的反馈，详见表 2-7。

表 2-7　　　　　　　用户测试反馈记录单

测试项目	工作完成程度	客户评分	客户意见	其他
网站网页流程测试	100%	4.5/5	界面不太清晰	无
预约服务体验测试	100%	4.7/5	服务人员准时，态度专业	无
设备使用教学测试	90%	4.2/5	内容有用，但个别部分难以理解	需要简化和明确一些指导内容
付款方式测试	100%	4.8/5	提供了多种付款方式，非常方便	无

6. 如何解决用户测试反馈的问题？详见表 2-8。

表 2-8　　　　　　　　　　用户测试反馈的问题及解决方案

问题	解决方案
界面不太清晰	优化模拟界面功能模块，使流程显示更清晰
设备使用教学视频中个别部分难以理解	对于难以理解的部分进行重新设计和录制，确保所有的指导内容都易于理解。也可以考虑在视频中加入更多图示和实例，以帮助用户更好地理解

学习活动 4　商业落地实施

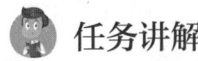
任务讲解

——知识解析——

1. 创业团队及构成

创业团队是指在创业初期（包括企业成立前和成立早期），由一群才能互补、责任共担、愿为共同的创业目标而奋斗的人所组成的特殊群体。

一般而言，创业团队由四大要素组成：

（1）目标。目标是将人们的努力凝聚起来的重要因素，从本质上来说创业团队的根本目标都在于创造新价值。

（2）人员。任何计划的实施最终都要落实到人的身上。人作为知识的载体，所拥有的知识对创业团队的贡献程度将决定企业在市场中的命运。

（3）团队成员的角色分配。即明确每位团队成员在新创企业中担任的职务和承担的责任。

（4）创业计划。即制定成员在不同阶段分别要做哪些工作以及怎样做的指导计划。

2. 预算制订

预算制订是指企业或组织在一定时期内，根据预先确定的经济目标和策略，编制可量化的财务计划和资源配置方案的过程。它是企业战略规划的重要组成部分，通过合理的预算制订，可以帮助企业实现长期目标，控制成本，提高效率，优化资源利用，并对企业的经营活动进行精确的控制和管理。

预算制订的内容包括以下几个方面：

（1）财务预算。财务预算是指对企业在未来一段时间内的财务状况和运作情况进行预测和计划，主要包括资金收入和支出预测、资产负债表、利润表和现金流量表的编制等，通过这些指标的预测和分析，可以为企业的经营决策提供重要依据。

（2）销售预算。销售预算是指制订企业销售目标和销售策略计划，根据市场需求、竞争环境和企业自身条件，制定出销售额、销售数量、客户开发和维护等方面的目标与策略，以指导企业销售团队的工作开展和业绩达成。

（3）生产预算。生产预算是指根据销售预算、生产能力和原材料供应等因素，制订出企业的生产计划和生产目标，主要包括生产数量、投入产出比率、生产时间安排、物料需求计划等。通过合理的生产预算，可以帮助企业合理利用生产资源，提高生产效率和产品质量。

（4）成本预算。成本预算是指根据销售预算和生产预算，制订各个成本项目的预期金额和费用分配方案，包括直接材料成本、直接人工成本、制造费用、间接费用等。通过成本预算的制订和控制，可以辅助企业实现控制成本和降低生产成本的目标。

（5）投资预算。投资预算是指企业在一定期限内对资本投资计划进行预测和规划，包括固定资产投资、研发投资、市场推广投资等。通过投资预算的制订，可以帮助企业合理配置资本，把握投资机会，提高企业的投资回报率。

（6）管理预算。管理预算是指对企业经营活动各个环节考核和控制的预算，包括各个部门的预算编制和管理、绩效考核指标的设定和达成等，通过管理预算的制订和实施，可以帮助企业实现目标管理、激励措施，提高绩效和竞争力。

3. 价值主张画布

价值主张画布能从客户的战略、目标、任务出发，探索客户的真正需求，充分了解客户的痛点和渴望，从而设计创新的解决方案，既能满足客户的需求，还能超越客户的期望，解决客户的痛点。

价值主张画布是整个商业模式的核心，它描述了产品提供的价值和客户需求之间如何建立联系，以及如何找到合适的客户群体以提供产品或者服务。价值主张画布是由亚历山大·奥斯特瓦德（Alexander Osterwalder）在《价值主张设计》一书中提出的一款工具，分为客户思维画布和产品价值画布两个部分，是用于了解客户真正需求的工具，同时为客户设计相对应的解决方案。它的终极目标是让创业者或企业提供的产品与市场相匹配，符合市场需求。

价值主张画布的设计也可用于创新和改进价值主张，管理和更新研究价值主张所需要的工具。将价值主张和商业模式用于在组织内创建一种创造价值的共同语言。好的价值主张设计，重点强调客户的工作、痛点和收益，但不需要解决用户所有的痛点和收益。

价值主张画布由两部分组成：客户概况图和价值图。

（1）客户概况图。

客户工作：理解客户的工作或生活需求。可能涉及功能性的工作（如健康饮食）、社会工作（如提升社会地位）、个人或情感工作（如寻求安全感）。

痛点：了解妨碍客户完成工作的问题，可能包括不良结果、障碍和风险。

收益：确定客户希望获得的结果或效益，可能包括必需的收益、期望的收益、渴望的收益和意外的收益。

（2）价值图。

产品和服务：列出你提供的所有产品和服务，这些产品和服务需要与客户的工作、痛点和收益相关联，才能创造价值。

痛点缓解方案：说明你的产品和服务如何减轻客户的痛点，不必针对所有痛点，关注最关键的几点即可。

收益创造方案：描述你的产品和服务如何创造客户收益，只需关注与客户最相关的、能让你的产品或服务与众不同的收益。

——任务解析参考——

1. 创业团队是构建创业项目成功的关键因素之一,包括项目发起人、核心团队和普通员工,请为你的家用设备维修项目确定创业团队成员的角色身份。

创始人 /CEO

1. 姓名:张明
2. 分工:制定战略规划、发展业务
3. 专长:领导能力
4. 经历 / 背景:大学生创业大赛一等奖

维修店员

1. 姓名:李娜
2. 分工:负责技术开发和家电维修
3. 专长:家电维修、技术开发
4. 经历 / 背景:维修类公司实习过,有项目经验

市场营销经理

1. 姓名:王华
2. 分工:负责制定市场营销策略
3. 专长:市场营销、品牌管理
4. 经历 / 背景:在营销领域有相关经验

客户服务店员

1. 姓名:张翔
2. 分工:负责制定客户服务团队的管理策略
3. 专长:客户服务
4. 经历 / 背景:在一家技术服务公司担任过客户服务经理

---

2. 预算制订是指企业或组织在一定时期内,根据预先确定的经济目标和策略,编制可量化的财务计划和资源配置方案的过程,有助于企业实现长期目标,控制成本,优化资源利用,并对企业的经营活动进行精确的控制和管理。请基于你对家用设备维修项目的理解,制定项目预算,详见表2-9。

表 2-9　　　　　　　　　　　家用设备维修项目预算制订

预算类别	含义	预算金额（单位：元）
财务预算	对企业在未来一段时间内的财务状况和运作情况进行预测和计划	10 000 ~ 15 000
销售预算	制订企业销售目标和销售策略计划	20 000 ~ 26 000
生产预算	根据销售预算、生产能力和原材料供应等因素，制定出企业的生产目标和生产计划	15 000 ~ 20 000
成本预算	根据销售预算和生产预算，制定各个成本项目的预期金额和费用分配方案	50 000 ~ 55 000
管理预算	对企业经营活动各个环节考核和控制的预算	50 000 ~ 60 000
合计		145 000 ~ 176 000

3. 价值主张画布是一款工具，用于帮助理解客户需求并设计解决方案，以实现产品与市场的匹配。如图 2-5 所示，价值主张画布由客户概况图和价值图两部分组成，前者描述客户工作、痛点和收益，后者描述产品和服务、痛点缓释方案以及收益创造方案。

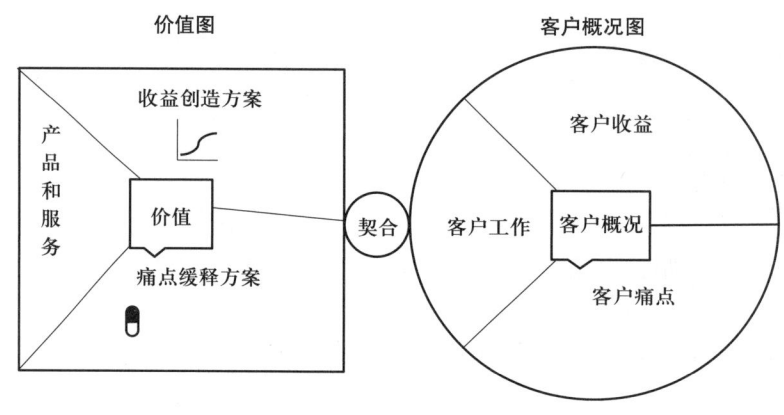

图 2-5　价值主张画布

4. 用走访或调查问卷等方法，调查了解客户的概况，详见表 2-10，更好地规划方案。

表 2-10　　　　　　　　　　　客户概况、含义及内容

客户概况	含义	内容
客户工作	客户的日常工作或生活需求	家庭用户的主要工作是管理和维护家里的电子设备，如电视、冰箱、洗衣机等
客户痛点	妨碍客户完成工作或客户在完成工作过程中所产生的问题	对于家庭用户，他们的痛点可能包括设备突然故障、缺乏专业知识进行设备维护和修理、找不到可靠的维修服务等
客户收益	客户希望获得的结果或效益	客户希望设备能够持续稳定运行，不影响日常生活和工作；希望设备发生故障时，能够及时得到专业、高效、可靠的维修服务

5. 价值图以客户概况图为基础,描述了打算提供何种产品或服务,以通过缓解客户痛点或满足其期望的方式为客户创造价值,详见表 2-11。

表 2-11　　　　　　　　　　价值图的组成、含义及内容

价值图组成	含义	内容
产品和服务	列出你所提供的服务或产品清单	(1)定期的设备检测和维护服务 (2)设备需要维修时可享受优先服务 (3)设备使用和保养的教学服务
痛点缓释方案	描述你的产品和服务如何减轻客户的痛点	(1)提供专业的设备检测和维护服务,可以预防设备突然发生故障,解决客户缺乏专业知识,无法自行进行设备维护和修理的痛点 (2)提供优先的设备维修服务,解决设备突然发生故障导致生活或工作中断的问题
收益创造方案	描述你的产品和服务如何创造客户收益	(1)通过定期的设备检测和维护,可以提升设备的运行效率,延长设备的使用寿命 (2)优先的设备维修服务可以保证设备在发生故障后尽快恢复正常,减少对生活和工作的影响

学习活动 5　商业计划管控

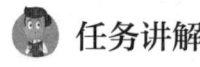任务讲解

——知识解析——

1. 个人独资企业法律形式

个人独资企业在业主数量与注册资金上与个体工商户相似，但设立手续比个体工商户要复杂，需要有合法的企业名称、有投资人申报的出资、有固定的生产经营场所和必要的生产经营条件以及必要的从业人员。在经营决策与利润分配上与个体工商户相似，决策程序简单，利润归投资人同时负无限责任。

2. 个人独资企业注册流程

（1）申请。由投资人或者其委托的代理人向个人独资企业所在地登记机关申请设立登记。

（2）受理、审查和决定。登记机关应当在收到全部文件之日起 15 日内，做出核准登记或者不予登记的决定。予以核准的发给营业执照；不予核准的，发给企业登记驳回通知书。

（3）需准备的材料。

1）投资人签署的《个人独资企业登记（备案）申请书》。

2）投资人身份证明。

3）投资人委托代理人的，应当提交投资人的委托书原件和代理人的身份证明或资格证明复印件（核对原件）。

4）企业住所证明。

5）《名称预先核准通知书》（设立申请前已经办理名称预先核准的须提交）。

6）从事法律、行政法规规定须报经有关部门审批的业务的，应当提交有关部门的批准文件。

7）国家市场监督管理总局规定提交的其他文件。

3. 法律和合规风险评估

法律和合规风险评估是指对企业所面临的法律和合规方面的潜在威胁进行系统性的分析和评估，以确定企业在法律和合规方面可能存在的风险，并提出相应的防范和控制措施。法律和合规风险评估的定义的解释，包括其目的、方法和重要性。

（1）目的。法律和合规风险评估的主要目的是帮助企业识别并理解其在法律和合规方面的潜在风险和隐患，并为企业提供指导，以制定相应的风险管理策略和措施。通过对企业内外部环境进行全面的审查和分析，法律和合规风险评估可以帮助企业预测可能发生的法律问题和合规风险，及时采取应对措施，保护企业的合法权益和声誉。

（2）方法。法律和合规风险评估通常包括以下几个步骤：

1）信息收集。收集企业的相关信息，包括企业的组织结构、业务活动、员工情况、合同和协议、知识产权等。同时收集与企业相关的法律和合规要求、政策法规、行业标准及最新的法律动态等。

2）风险识别。通过对收集到的信息进行分析，识别出与企业相关的潜在法律和合规风险。这些风险可能包括合同纠纷、劳动法违规、知识产权侵权、环境污染等。

3）风险评估。对已识别出的风险进行评估，包括风险的概率、影响程度和紧急程度等方面的评估。评估可以借助专业的评估工具和方法，如风险矩阵、风险指数等。

4）风险优先级排序。根据风险评估结果，对风险进行优先级排序，确定哪些风险是最紧迫和最重要的，需要首先关注和处理。

5）风险控制策略。制定相应的风险控制策略和措施，包括风险预防、风险应对和风险转移等。这些策略和措施应该是可操作和可执行的，帮助企业降低风险发生的概率和损失的程度。

6）监测和改进。建立监测机制，定期跟踪和评估已实施的风险控制措施的有效性，及时调整和改进措施，以适应不断变化的法律和合规环境。

（3）重要性。法律和合规风险评估对企业具有重要的意义。

1）预防风险。通过对潜在法律和合规风险的评估，企业可以提前发现并预防可能发生的法律问题和合规风险，避免事后被迫采取应急措施。

2）保护企业利益。合理的法律和合规风险评估可以帮助企业合理安排和管理风险，保护企业的合法权益和经济利益。

3）提高决策的科学性。通过全面评估法律和合规风险，企业可以在制定决策时考虑到潜在的法律和合规影响，降低风险发生的可能性，增加决策的科学性和准确性。

4）维护声誉和社会形象。合规是企业社会责任的一部分，通过对法律和合规风险的评估和风险管理措施的实施，企业可以维护自身的声誉和社会形象，提高公众对企业的信任度。

总之，法律和合规风险评估是企业风险管理中的重要组成部分。通过科学、系统地评估潜在的法律和合规风险，企业可以更好地保护自身的利益，降低潜在风险的发生概率和影响程度。这有助于企业遵守法律法规，建立良好的企业治理和合规文化，提升企业竞争力和可持续发展能力。

（4）法律分析。合规风险评估，是企业为识别、管理、控制与其经营活动相关的法律、道德及职业规范等方面的合规风险所采取的评估方法。合规风险评估可以帮助企业提前发现潜在合规风险，采取针对性措施，从而降低企业承担法律责任的风险。

进行合规风险评估，需要先了解企业所面临的法律、职业道德和行业规范等方面的规定，根据企业的实际情况，制定适合企业的合规规定和程序，并定期进行审核和更新。

4. 家用设备维修类个人独资企业商业计划书模板

（1）公司概述。

公司名称和业务性质：提供什么类型的家用设备维修服务。

商业目标和愿景：阐述企业的长期目标和发展方向。

（2）市场分析。

目标市场：描述主要服务的消费者群体，以及他们的消费需求和习惯。

行业分析：了解家用设备维修行业的现状，例如市场规模、增长趋势等。

竞争对手分析：描述主要的竞争对手以及他们的优势和劣势。

（3）服务介绍。

维修服务：列出可以维修的设备种类，包括技术规格、服务流程等。

服务优势：阐述客户为什么选择你的服务，比如技术专业、响应快速、合理价格等。

（4）运营和组织结构。

组织结构：描述你的团队成员以及他们的职责和技能。

运营流程：描述接收服务请求到完成维修的整个过程。

（5）营销和销售策略。

客户获取策略：如何吸引新的客户，例如广告、优惠活动等。

客户关系维护：描述如何保持良好的客户关系，提供高质量的服务。

（6）财务计划。

开支预算：预估开业初期的投入以及日常运营成本。

收益预测：预测在一定时期内的收益情况。

（7）风险和问题。

潜在风险：例如设备损坏、技术更新、市场竞争等。

应对策略：如何预防和处理可能出现的问题和风险。

——任务解析参考——

1. 充分了解影响企业的因素，根据项目具体情况，决定企业法律形式的选择，详见表 2-12。

表 2-12　　　　　　　　项目具体情况及综合考虑决定

考虑因素	具体内容	综合考虑决定
拟创办企业的规模大小	初期设想是一个小型的家用设备维修服务中心，服务对象主要是本地的家庭用户	我将选择建立以个人独资企业作为家用设备维修项目的企业形式。这样，既可以限制我的创业风险，又便于我在未来拓展业务，吸引更多的投资。虽然成立初期可能会面临很多问题，需要投入更多的资金，但长期来看，个人独资企业更能保障我个人的利益，也更符合项目的发展需要
创业时所拥有的资金数	10 万元人民币	
共同创业人数	1 人	
创业的观念	希望通过提供专业、高效、可靠的设备维修服务帮助客户解决设备维修问题	
所能承受的风险	创业初期风险较大，但愿意承受一定的风险以获取回报	
所在行业的发展前景	随着电子设备的普及，设备维修服务的需求可能会持续增长	

2. 请了解企业注册流程，阐述个人独资企业注册分为　2　个步骤。

个人独资企业注册：

① 1. 申请。由投资人或者其委托的代理人向个人独资企业所在地登记机关申请设立登记。

② 2. 受理、审查和决定。登记机关应当在收到全部文件之日起 15 日内，做出核准登记或者不予登记的决定。

3. 简述法律和合规风险评估。

法律和合规风险评估旨在系统性地分析和评估企业在法律和合规方面的合规性，以确定可能存在的风险，并提供相应的防范和控制措施。评估的目的是帮助企业识别和理解法律合规和法律风险方面的风险，并制定风险管理策略，通过全面审查和分析企业环境，预测潜在法律问题和合规风险，保护企业权益和声誉。

4. 进行项目风险评估，详见表 2-13。

表 2-13　　　　　　　　　　项目风险评估表

风险因素	描述	潜在影响	风险等级	风险应对措施
竞争对手	市场上可能存在有竞争优势的对手，如大型家电维修公司，或者价格更低的个体工商户	市场份额被抢占，收入减少	高	提供优质的服务以吸引和保留客户；定期进行市场分析与竞争对手分析，以适应市场变化
成本管理	设备购买、人员工资、运营成本等可能超出预期	企业财务压力增大，可能导致盈利减少	高	制定详细的预算；定期审查并调整预算；谨慎进行投资和开支
法律法规	家用设备维修行业可能存在复杂的法律法规要求，比如关于工业安全和环保的法规	如果不遵守，可能面临罚款，甚至吊销营业执照	中	聘请法律顾问；定期进行法律法规培训；严格遵守所有相关法律法规
健康问题	设备维修工作可能对员工的健康造成影响，例如重复性劳动可能导致肌肉骨骼疾病	如果员工出现健康问题，可能导致生产效率下降，甚至面临员工要求赔偿的诉讼	中	提供必要的工作设备和防护设备；定期对员工进行健康和安全培训；制定合理的工作时间和休息时间

5. 请结合前面完成的任务内容，以表2-14的格式为依据，撰写一份家用设备维修个人独资企业的商业计划书。

表2-14　　　　　家用设备维修个人独资企业商业计划书模板

（1）项目名称：家用设备维修中心

（2）公司概述

公司名称和业务性质：家用设备维修中心，提供家用设备维修服务，同时推出"维修订阅"服务。

商业目标和愿景：成为本地区首屈一指的家用设备维修中心，提供全方位的维修服务，通过专业的技术和优质的服务，使客户的家用设备得到最佳的维修和保护，提升客户的生活品质。

（3）市场分析

目标市场：家庭和个人用户，特别是有大量家用设备且对设备性能和使用维护较为重视的用户。客户需要高质量的设备维修服务，并对设备的维护保养有一定的认识和需求，习惯使用家用电器和其他家用设备，以提升生活品质。

行业分析：家用设备维修行业的市场规模庞大且日益增长，随着科技的发展，家用设备的复杂性和数量都在增加，维修服务需求也不断增长。越来越多的家庭和个人购买各种家用设备，对设备的保养和维修需求也随之增加。同时，消费者对维修服务的专业性和便利性要求也在提高。

竞争对手分析：本地区的其他维修中心和个体维修师傅。

优势：具备专业的维修技术和丰富的经验，能够提供快速响应、高质量的维修服务。

劣势：知名度和品牌影响力相对较低，对"维修订阅"服务的理解和运营经验有限。

（4）服务介绍

维修服务：家用电器（洗衣机、冰箱、电视等）、厨房设备（烤箱、微波炉等）、家庭电子产品（手机、平板电脑等）、空调和暖气设备等。

技术规格：使用各种维修工具和仪器进行检测和维修，具备电子和机械维修的相关技术能力。

服务流程：收到客户提交的维修请求后，安排维修人员上门进行设备检测和维修，确保设备得到及时和有效的修复。

服务优势：在专业技术方面，维修人员具备丰富的维修经验和专业知识，能够快速诊断和解决设备问题。在快速响应方面，通过"维修订阅"服务，使客户享有优先服务，最大程度减少客户的等待时间。在价格合理方面，提供具有竞争力的价格，同时提供高质量的维修服务，给客户带来物有所值的体验。

（5）运营和组织结构

组织结构：包括维修人员、客服人员、管理人员等。

团队职责和技能：维修人员负责设备检测和维修工作，客服人员负责接待客户和处理服务请求，管理人员负责公司整体运营和管理。

运营流程：

接收服务请求。客户通过电话、在线平台等方式提交维修请求。

设备检测和维修。维修人员进行设备检测，诊断问题并进行维修。

(6)营销和销售策略

客户获取策略：

接收服务请求。客户通过电话、在线平台等方式提交维修请求。

设备检测和维修。维修人员上门进行设备检测，诊断问题并进行维修。

客户关系维护：

提供优质服务。确保每次维修都是高质量的，让客户感到满意，并主动解答客户的疑问和需求。

定期保养提醒。针对"维修订阅"客户，在设备定期保养时间之前提供提醒服务，确保设备的正常运行。

客户反馈收集。定期进行客户满意度调查，收集客户的意见和建议，及时改进服务质量。

(7)财务计划

开支预算：初始投资预计为100 000元左右，包括购买设备和工具、办公场所租赁费用、营销推广费用等。日常运营成本预计为32 000元左右，包括维修人员工资、设备维护和更新费用、办公费用、营销和广告费用等。

收益预测：预计每月总收入为43 000元左右，其中来自"维修订阅"服务的收入约为30 000元，非订阅维修服务的收入约为5 000元，附加服务的收入约为8 000元。

(8)风险和问题

潜在风险：

设备供应链问题。如果无法及时获得所需的设备零部件，可能会延误维修时间，影响客户满意度。

技术更新和培训。随着新设备的出现和技术的更新，需要维修人员不断学习和更新维修技能，否则可能滞后于市场需求。

市场竞争。如果竞争对手提供更具吸引力的价格和服务，可能会影响到客户的选择意愿。

应对策略：与供应商建立稳定的合作关系，确保及时获得所需的设备零部件。不断学习和关注行业最新技术趋势，组织人员参加培训和认证课程，提升维修人员的技术水平。通过市场调研和分析，了解竞争对手的优势和劣势，优化价格和服务，保持竞争力；适时进行促销活动和广告宣传，提升品牌知名度。

6. 根据现阶段商业计划书撰写内容，以表2-15为依据，在组内对商业计划书内容的达标情况进行互相评价，并提出修改建议。

表 2-15　　　　　　　　　　商业计划书评价表

评价指标	完全符合（最高分值）	得分	基本符合（最高分值）	得分	不符合（最高分值）	得分
创意存在差异化优势，具有技术可行性，能够解决实际问题	20		15		8	
市场调研情况准确，竞争情况清晰	15		10		5	
产品原型涵盖产品主要功能和特性，考虑用户习惯	20		15		8	

续表

评价指标	完全符合 （最高分值）	得分	基本符合 （最高分值）	得分	不符合 （最高分值）	得分
创业团队分工合理，商业模式信息全面	15		10		5	
风险考虑全面，风险应对措施合理	10		8		3	
计划书的内容完整，项目具有创新性和可实现性	20		15		8	
总得分						

学习活动6 路演展示总结

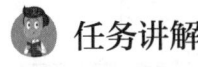 任务讲解

——知识解析——

> 家用设备维修类个人独资企业的路演PPT框架

业务概述：详细介绍企业的名称、服务类型、服务范围和主要功能等信息。

市场分析：分析目前家用设备维修市场的规模、发展趋势和主要需求。

服务痛点和解决方案：阐述目标客户在使用现有维修服务时所遇到的问题，以及你的企业是如何解决这些问题的。

竞品分析：分析主要竞争对手，包括他们的优势和不足，以及你的企业在此基础上的差异化服务。

盈利模式：详述企业的收费策略、成本结构，以及预计的盈利状况。

服务推广：概述企业的市场推广策略，如使用线上平台、口碑推广等。

业务流程和服务标准：展示企业在接受维修申请、完成维修工作以及服务后的保修等方面的标准流程和服务承诺。

创业团队：介绍团队成员，特别是他们的技术能力和服务经验。

发展规划：阐述未来的发展计划，如服务扩展、团队扩充等。

——任务解析参考——

1. 请依据你的商业计划书内容，以表2-16为依据完成项目路演PPT的制作。

表2-16　　　　　　　　路演PPT的核心内容及负责人

PPT页码	核心内容	负责人
1	业务概述	张明
2	市场分析	张明
3	服务痛点和解决方案	李娜
4	竞品分析	李娜
5	盈利模式	王华
6	服务推广	王华
7	业务流程和服务标准	张翔
8	创业团队	张翔
9	发展规划	李四

2. 小组在指定的展播设备中展示项目路演 PPT，并推选一个代表简述内容。
3. 其他组以小组为单位，以表 2-17 为依据，给作品打分。

表 2-17　　　　　　　　　　　路演 PPT 评价表

组别			项目名称	
序号	项目	评价指标	分值	
			0 ~ 12.5	
1	项目名称	能够简洁、准确地反映项目的核心概念和商业价值		
2	项目背景	能够提供清晰、全面的市场信息		
3	项目痛点	能够准确地识别并阐述目标市场中存在的关键痛点		
4	解决方案	具有创新性、可行性，且能够有效地解决市场痛点问题		
5	商业模式	选择的商业模式可行，并能够有效地创建、传递和获取价值		
6	创业团队	团队成员具有多元化的技能，能够分工协作互补		
7	风险预测	能够全面地预测可能存在的风险		
8	风险措施	对应前面预测的风险，能够制订应对策略以及风险缓解计划		
		总分		
综合评价	请根据下列提示，分别写出该计划书的优缺点（不少于 2 点）。 1. 商业计划书较好的地方： 2. 商业计划书需要改进的地方及改进建议：			

评价人：　　　　　　　　　　　　　　　　　　　　　　　　　　　年　月　日

完善计划书与 PPT，交付文件

1. 完善本次家用设备维修店的商业计划书与项目 PPT，于线上提交文件。

2. 于线上提交项目小结，反思本次任务的学习情况。

任务评价指标

1. 市场背景调研

评估学生是否能运用 SWOT 分析，准确地描述家用设备维修市场的背景。关键的评估点包括对市场背景的理解，以及是否能够有效地使用 SWOT 分析方法。

2. 创新创意规划

评估学生是否能运用 SCAMPER 技巧产生创意，并能理解和分析需求的等级。关键的评估点包括创新思维的运用，以及对需求等级的理解和应用。

3. 创业决策设计

评价学生是否能制作出符合需求的服务原型，并进行用户测试。关键的评估点包括原型制作的质量，以及用户测试的执行和结果分析。

4. 商业落地实施

评估学生是否能组织和管理创业团队，制订合理的预算，以及理解和应用价值主张画布。关键的评估点包括团队管理能力，预算制订的逻辑性和合理性，以及对价值主张画布的理解和应用。

5. 商业计划管控

评价学生是否能选择适合的企业法律形式，评估法律和合规风险，以及完成家用设备维修商业计划书。关键的评估点包括对企业法律形式的理解和选择，对法律和合规风险的评估，以及商业计划书的完整性和质量。

6. 路演展示总结

评估学生是否能清楚、有逻辑地进行路演展示，以及对家用设备维修项目的整体模式进行总结分析。关键的评估点包括 PPT 的内容和结构，整个路演的逻辑性和说服力，以及对项目整体模式的总结和分析能力。

学习任务三　广告设计类合伙企业创办策划

教学目标

1. 学生能够理解市场背景调研的重要性，并能进行客户细分和 PEST 分析，具体确立品牌的目标市场，分析市场环境的各个因素。能够应用这些工具决定广告设计公司的定位和品牌战略。

2. 学生能够通过创新创意规划，识别一个好的创意所需满足的具体条件，并能运用脑力激荡法和创意拼图激发创意。能够运用这些关键工具创新广告设计的策略和项目。

3. 学生能够在创业决策与设计环节，掌握品牌形象设计和用户指南针地图的具体应用，准确描述这些工作的策略和结果。能够依据理论支撑和实证数据执行广告设计公司的创业决策和设计。

4. 学生能够理解创业团队的组建过程，使用 360 度反馈进行团队管理，掌握毛利率分析和商业模式画布的实际应用。能够将这些技能整合，实施有效的商业策略并成功运营广告设计公司。

5. 学生能够选择适合的企业法律形式，如合伙企业，能编制并分析广告设计公司商业计划书的具体框架结构。能够利用这些知识和工具有效管理和控制商业计划的执行过程。

6. 学生能够掌握广告设计类合伙企业路演 PPT 的具体框架结构和评价标准，并能准确描述商业计划的具体内容和价值。此外，学生还需要整理和归档所有工作过程中产生的记录、文档、素材等，并完成具体的项目小结。

教学活动安排

学习环节与学时	学生活动	教师活动
市场背景调研 （2学时）	1. 进行客户细分研究 2. 进行 PEST 分析	1. 教授客户细分方法，指导学生进行市场调研 2. 讲解 PEST 分析模型，指导学生完成分析
创新创意规划 （2学时）	1. 使用脑力激荡法激发学生创新广告设计的思路和灵感 2. 利用创意拼图生成新的广告设计创意	1. 引导学生使用脑力激荡法，激发创新思维 2. 讲解创意拼图制作方法，教授通过使用创新卡牌激发创意

续表

学习环节与学时	学生活动	教师活动
创业决策设计 （6学时）	1. 学习和实践品牌形象设计，为企业定位清晰的品牌形象 2. 理解用户需求和期待	1. 指导学生完成品牌形象设计 2. 指导学生完成用户需求分析
商业落地实施 （4学时）	1. 组建创业团队，练习团队合作并进行毛利率分析 2. 运用商业模式画布搭建适合企业的商业模式	1. 分享创业团队组建经验 2. 讲解毛利率的重要性 3. 指导学生完成商业模式设计
商业计划管控 （4学时）	1. 评估供应链风险 2. 学习计划书撰写技巧 3. 编写完整的计划书	1. 提供广告设计类合伙企业商业计划书 2. 提供计划书撰写模板，并指导学生完善计划书
路演展示总结 （6学时）	1. 制作路演PPT 2. 进行路演展示	1. 指导学生展示路演PPT 2. 点评、总结项目

教学工具

类别	具体工具
讲义（PPT）	广告设计类合伙企业创办策划
视频资料	案例：创办一家婚纱设计公司
教具	互动式白板、创意卡牌

学习环节详解

学习环节	具体内容
市场背景调研	深入地进行客户细分研究，深入理解潜在客户的需求和期待；进行PEST分析，全面理解广告设计行业的宏观环境
创新创意规划	运用脑力激荡法，围绕广告设计业务，激发出新的创意和思维。通过创意拼图（利用创新卡牌激发创意）构建和演绎广告设计的整体创意图景
创业决策设计	根据前两步的结果，开始设计品牌形象，并利用用户指南针地图明确设计的目标和路径
商业落地实施	在确定了企业的设计方向和商业模式后，开始进行创业团队的组建，开展360度反馈机制的培训，同时进行毛利率分析，绘制商业模式画布，确保业务的可持续发展
商业计划管控	了解并选择合适的企业法律形式，分析供应链风险，编写详尽实用的广告设计类合伙企业商业计划书，为未来的商业运营提供规划
路演展示总结	整理并制作广告设计类合伙企业的路演PPT，结合评价表进行自评和他评，最后进行总结和反思，进一步提升和巩固学习效果

教学重难点

教学 重难 点①	重点：品牌形象设计和路演展示总结。 原因：在广告行业，品牌形象的设计以及高效的路演展示是两个关键因素，前者可以帮助企业吸引和留住客户，后者能够有效地展示企业的创新力和执行力。
处理 建议	突破方法： 1. 线上自主学习。在课程开始前，教师将提供关于品牌形象设计和路演展示的在线资源，学生需通过自主学习深化理解这两个主题。 2. 工具引导分析。通过小组讨论，学生将学习使用各种工具进行广告市场的调研，如客户细分和 PEST 分析，以及进行创新创意规划，如脑力激荡法和创意拼图。 3. 任务驱动实施。在理解市场需求和提出创新想法后，学生将进行品牌形象设计，制作用户指南针地图，使用商业模式画布进行商业实施策划，选择企业法律形式，分析供应链风险，以保证企业的可持续运营。 4. 展示汇报分享。制作广告设计类合伙企业路演 PPT，进行项目汇报，并接受教师和同学的评价，以此提升自我反思和总结的能力。此外，学生需要整理所有过程中的文档，制作企业创办策划的商业计划书，为未来的商业实施提供详尽的指导。
教学 重难 点②	难点：广告设计类合伙企业的创新创意规划和商业落地实施。 原因：创新创意规划是广告设计企业的灵魂和核心，它将直接影响企业产品或服务的吸引力。然而，由于创意的主观性和多元性，创新创意规划往往存在较大的难度。另一方面，如何将创意规划转化为具体可行的商业策略并成功落地，同样也是个重大挑战。
处理 建议	化解方法： 1. 案例引导学习方法。利用线上资源进行自我学习，研究并理解成功的广告设计企业是如何进行创新创意规划和商业落地实施的，吸取它们的成功经验和教训。 2. 建立逻辑指导工作。组织团队讨论，以各成员的想法和观点为依据，制定全面详细的创新创意规划和落地实施步骤，以保证策划流程的顺畅。 3. 任务驱动实施。通过模拟真实商业环境或实地考察，让团队成员亲身体验创新创意规划和落地实施的过程，从而深入理解和掌握关键工具的运用。 4. 交叉检查优化效果。在实施过程中，团队成员互相进行交叉检查，发现并纠正可能存在的错误，以确保策划的质量。 5. 演示点拨提升质量。团队内部定期举行展示和讨论，分享每个人的工作进展和收获，提取优点，改正不足，以提升团队的整体表现。 6. 课后拓展延伸所学。在课程结束后，团队成员可以继续自主学习和研究更深层次的创新创意规划与落地实施策略，提高策划的成功率。

学习活动 1　市场背景调研

👍 任务导入

任务名称：广告设计类合伙企业创办策划	

任务内容描述：

某云朵学院即将毕业的某学生，计划在自己的家乡——一座拥有优质婚庆市场的大城市，创办一家专注于提供创新和个性化婚庆广告设计服务的合伙企业。这家公司主要面向新婚夫妇，尤其是那些追求独特婚礼体验并愿意为此投入一定成本的消费者。为实现这个目标，该学生计划投入约 15 万元人民币，这些资金将被用于租用工作室、购买设计软件和设备、宣传推广、聘请设计师等初期投入。由于该学生没有足够的创新创业能力，他需要在接下来的 13 天内通过参加一门创新创业课程提升自己的能力，在课程中，他将进行婚庆广告设计企业的创业策划，从产生创意构思，到形成创业计划书，再到进行路演，全面提升自己的创业能力。

广告设计组：负责规划店面选址、装修设计、细分各种客户，打造出自己的品牌形象，接收 360 度反馈；同时，需要考虑如何推广，组建创业团队，让更多人认识到这个项目。

该项目包含以下 6 个项目的策划内容：
1. 市场背景调研
2. 创新创意规划
3. 创业决策设计
4. 商业落地实施
5. 商业计划管控
6. 路演展示总结

任务最终以交付商业计划书和路演 PPT 的形式进行效果检验。

任务开始时间：　年　月　日	任务结束时间：　年　月　日
最终交付商业计划书的文件格式：Word 文档、PPT 文档	
项目要求	1. 商业计划书包括项目背景、现状分析、解决方案、商业模式、创业团队和风险预测等内容。 2. 最终交付 Word 版商业计划书和路演 PPT 并进行路演。

任务目标和相关要求

1. 开展广告设计类合伙企业市场背景调研

目标：全面理解客户细分和 PEST 分析在广告设计类合伙企业创办中的应用。

要求：能够准确进行客户细分和 PEST 分析，并能够将结果应用于广告设计类合伙企业创办过程中。

2. 掌握创新创意规划在广告设计类合伙企业创办中的应用

目标：熟练掌握脑力激荡法和创意拼图，并能利用这些工具激发创意。

要求：能运用脑力激荡法和创意拼图等创意技巧，提出独特的广告设计方案。

3. 理解和运用创业决策与设计

目标：能设计出有吸引力的品牌形象，并制作出用户指南针地图。

要求：设计出符合市场定位的品牌形象，利用用户指南针地图明确广告设计的目标用户。

4. 实施广告设计类合伙企业的商业落地

目标：能有效组建创业团队，进行 360 度反馈和毛利率分析，完成商业模式画布。

要求：结合实际情况，完成创业团队的组建，运用 360 度反馈优化工作流程，进行毛利率分析以优化成本，完成商业模式画布以明确经营模式。

5. 进行广告设计类合伙企业的商业计划管控

目标：了解企业法律形式的选择，进行供应链风险分析，完成广告设计类合伙企业商业计划书框架结构。

要求：能够合理选择企业法律形式，准确进行供应链风险分析，完整地填写广告设计类合伙企业的商业计划书。

6. 完成广告设计类合伙企业的路演展示总结

目标：熟练掌握广告设计类合伙企业路演 PPT 的设计和评价方法。

要求：能够设计出高效的广告设计类合伙企业路演 PPT，并根据评价表进行自我评估和提升。

 任务讲解

——知识解析——

1. 客户细分

客户细分是 20 世纪 50 年代中期由美国学者温德尔·史密斯提出的，其理论依据为顾客需求的异质性以及企业需要在有限资源的基础上进行有效的市场竞争。客户细分是指企业在明确的战略业务模式和特定的市场中，根据客户的属性、行为、需求、偏好以及价值等因素对客户进行分类，并提供有针对性的产品、服务和销售模式。按照客户的外在属性分层，通常这种分层最简单直观，数据

也很容易得到。

客户细分的内容包括以下几个方面：

（1）市场人口统计学特征。这是客户细分最常见和基本的维度之一，涉及客户的年龄、性别、家庭状况、教育水平、职业等基本信息。通过分析这些特征，可以了解不同客户群体的消费习惯、购买力和需求特点，从而有针对性地开展市场营销活动。

（2）心理和行为特征。除了基本的人口统计学特征，客户细分还应考虑客户的心理和行为特征，包括消费偏好、购买动机、购买过程、品牌忠诚度、消费频率等因素。通过分析客户的心理和行为，可以更好地理解他们的需求和决策过程，从而进行有效的市场定位和推广策略。

（3）需求特点。客户细分还需要考虑客户的需求特点，包括产品需求、服务需求和购买动机。不同的客户群体对产品功能、品质、价格等方面的需求可能存在差异，因此需要针对不同客户群体进行细分，并设计针对性的产品和服务。

（4）消费行为。了解客户的消费行为是客户细分的重要内容之一。消费行为包括客户的购买频率、购买渠道、购买金额等方面。通过分析客户的消费行为，可以确定对于不同客户群体应采取的营销策略，如促销活动、忠诚计划等，以吸引客户并增加销售额。

（5）价值潜力。客户细分还需要评估客户的价值潜力，涉及客户的购买能力、忠诚度、推荐价值等方面。通过评估客户的价值潜力，可以确定对于不同客户群体应采取的不同策略，如提供个性化的服务、定期联系等，以最大限度地挖掘客户的潜在价值。

（6）竞争环境。在客户细分过程中，还需要考虑竞争环境，包括分析其他同行业竞争者的客户细分情况、市场份额、产品特点等。通过了解竞争环境，可以更好地把握市场机遇和威胁，以制定相应的营销策略。

客户细分是一个系统性的过程，需要收集和分析大量的数据和信息。可以通过市场调研、消费者调查、销售数据分析等方法获取客户细分所需的数据。同时，客户细分也是一个动态的过程，需要根据市场变化和客户需求不断进行调整与优化，以确保市场营销活动的有效性和可持续性。

2. PEST 分析

PEST 分析是指对宏观环境的分析，P 指政治（Political），E 指经济（Economic），S 指社会（Social），T 指技术（Technological）。在分析一个企业或组织所处背景的时候，通常通过这四个因素分析企业或组织所面临的状况。

（1）政治因素。政治因素是指对组织经营活动具有实际与潜在影响的政治力量和有关的法律、法规等因素。当政治制度与体制、政府对组织所经营的业务态度发生变化时，当政府发布了对企业经营具有约束力的法律、法规时，企业的经营战略必须随之做出调整。法律环境主要包括政府制定的对企业经营具有约束力的法律、法规，如反不正当竞争法、税法、环境保护法以及外贸法规等。政治、法律环境实际上是和经济环境密不可分的一组因素。处于竞争中的企业必须仔细研究相关的政策和思路，这些相关的法律、法规和政策能够影响各个行业的运作和利润。

（2）经济因素。经济因素是指一个国家的经济制度、经济结构、产业布局、资源状况、经济发展水平以及未来的经济走势等。构成经济环境的关键要素包括GDP的变化发展趋势、利率水平、通货膨胀程度及趋势、失业率、居民可支配收入水平、汇率水平、能源供给成本、市场机制的完善程度、市场需求状况等。由于企业是处于宏观大环境中的微观个体，经济环境决定和影响其自身战略的制定，经济全球化还带来了国家之间经济上的相互依赖，企业在各种战略的决策过程中还需要关注、搜索、监测、预测和评估本国以外其他国家的经济状况。

（3）社会因素。社会因素是指组织所在社会中成员的民族特征、文化传统、价值观念、宗教信仰、教育水平以及风俗习惯等因素。构成社会环境的要素包括人口规模、年龄结构、种族结构、收入分布、消费结构和水平、人口流动性等。其中，人口规模直接影响着一个国家或地区市场的容量，年龄结构则决定消费品的种类及推广方式。自然环境是指企业业务涉及地区市场的地理、气候、资源、生态等环境。不同的地区企业由于其所处自然环境的不同，对于企业战略会有一定程度的影响。我国是一个幅员辽阔的国家，这种影响尤其明显，如同一种产品在我国广东地区与在西藏等西北高寒地区的市场营销战略会有较大差距，但很多时候此点会被忽略。

（4）技术因素。技术因素不仅包括那些引起革命性变化的发明，还包括与企业生产有关的新技术、新工艺、新材料的出现和发展趋势以及应用前景。在过去的半个世纪里，技术领域发展迅速，像阿里巴巴、百度、腾讯、华为等高技术公司的崛起改变着世界和人类的生活方式。同样，技术领先的医院、大学等非营利组织，也比没有采用先进技术的同类组织具有更强的竞争力。人工智能（AI）、物联网（IoT）、虚拟现实（AR）、基因技术、机器人、3D打印机、生物科技、发电及电池、纳米技术等都会影响整个社会的发展，也会影响企业的定位。

PEST分析通过综合考虑政治、经济、社会和技术因素，为企业提供了有效的市场环境评估工具。企业在进行PEST分析时应关注相关数据和信息的收集，确保分析的准确性和有效性。此外，企业还应不断跟踪和更新分析结果，以应对不断变化的市场环境，促进企业的持续发展。

——任务解析参考——

1. 本任务提到的市场背景调研可以运用哪些工具？详见表3-1。

表3-1　　　　　　　　　　市场背景调研运用的工具及含义

工具	含义
客户细分	旨在将大型市场划分成不同的子群体或细分市场，以便更好地理解客户的需求、行为和偏好，并针对不同的细分市场制定个性化的营销策略
PEST分析	用于评估宏观环境对企业或组织的影响。它通过考察政治（Political）、经济（Economic）、社会（Social）和技术（Technological）四个方面的因素，帮助企业了解外部环境的变化和趋势，从而更好地制定战略和做出决策

2. 简述客户细分的内涵。

客户细分是20世纪50年代中期由美国学者温德尔·史密斯提出的，其理论依据为客户需求的 异质性 以及企业需要在有限资源的基础上进行有效的市场竞争。它是指企业在明确的战略业务模式和特定的市场中，根据客户的 属性 、行为、需求、偏好以及价值等因素对客户进行分类，并提供有针对性的产品、服务和销售模式。客户细分的内容包括市场人口统计学特征、心理和行为特征、需求特点、消费行为、价值潜力以及竞争环境等方面。进行客户细分时，可以通过市场调研、消费者调查、销售数据分析等方法获取所需的数据。

3. 请你基于客户细分的理念，对现今婚纱广告设计行业中三种广告类型的目标客户群体进行详细分析，并寻找可能的未满足的客户群体，以找出可能的市场机会，详见表3-2。

表3-2　　　　　　　　　　广告设计行业目标客户群体分析

广告类型	主要受众	主要需求	购买能力
高端婚纱广告	婚礼预算充足，注重独特体验的新人	高端定制化的服务，独特的视觉体验，引领时尚潮流的设计	高
传统婚纱广告	面向大众，注重传统习俗的新人	传统风格的广告，能反映出浓郁的文化和习俗	中
年轻时尚婚纱广告	年轻、追求时尚、注重个性展示的新人	新颖、独特、富有创意的广告设计，强调个性化	中到高

4. 如图 3-1 所示，PEST 分析工具是一种宏观环境分析工具，主要用于分析影响企业发展的政治、经济、社会、技术四大外部环境因素。请你用 PEST 分析工具对影响婚纱广告设计市场环境的四大因素进行分析，找到婚纱广告设计项目的市场机会，详见表 3-3。

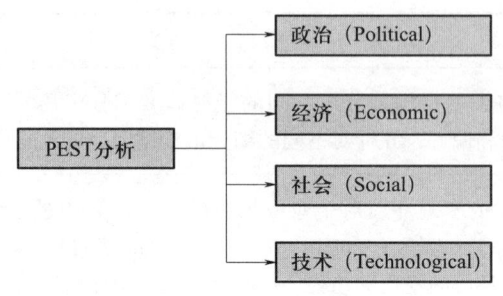

图 3-1　PEST 分析工具

表 3-3　运用 PEST 分析工具对影响婚纱广告设计市场环境的四大因素进行分析

影响因素	定义	具体内容
政治因素	政治因素涉及国家和地区的政府政策、法律法规、政治稳定性等方面的因素	政府的政策和法规可能会影响企业的经营和运营，从而影响婚纱广告设计市场的发展。此外，政治稳定性和政府对广告设计行业的支持程度也会影响市场发展
经济因素	经济因素主要涉及宏观经济状况、金融市场、货币政策、消费者购买力等方面的因素	经济增长和消费者购买力的变化可能会影响市场需求。此外，经济周期和利率变化也可能会影响企业的融资能力和成本，从而影响婚纱广告设计市场的发展
社会因素	社会因素关注人口特征、文化价值观念、社会趋势等因素	社会观念和价值观的变化可能会影响消费者对广告设计的接受程度和需求。此外，人口结构和消费习惯的变化也可能会影响市场需求和发展
技术因素	技术因素主要涉及科技进步、创新能力、信息技术等方面的因素	技术的进步可能会改变广告设计的方式和手段，从而影响市场需求和发展。此外，数字化技术和互联网的发展也可能会改变广告设计行业的运营模式和市场格局

结论

根据客户细分和 PEST 分析可以得知广告设计行业的市场背景为：

（1）政治环境（Political）：政策法规、税收政策等都可能影响广告设计行业。

（2）经济环境（Economic）：经济状况、消费者购买力等都会影响广告设计行业。

（3）社会环境（Social）：社会文化、生活方式的改变，消费者的价值观、消费习惯等都可能对广告设计行业产生影响。

（4）技术环境（Technological）：技术的进步可能会为广告设计行业带来新的机会。

学习活动 2　创新创意规划

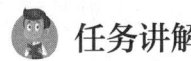 任务讲解

——知识解析——

1. 脑力激荡法

脑力激荡法（Brainstorming）是一种集体产生创意的方法，旨在通过大量的灵感涌现来解决问题、提出创新想法或产生新的概念。它强调开放性和自由度，鼓励参与者在不受限制的环境中尽可能多地提出各种各样的观点和想法。

脑力激荡法起源于对传统会议讨论方式的批评，认为创意和创新往往受到限制、约束和批判性思维的阻碍。因此，脑力激荡法提倡在一个开放、积极和相互尊重的环境中进行集体创意的生成，以激发参与者的创造力和创新潜力。

脑力激荡法的基本原则包括：

（1）延迟评价。在创意产生阶段，避免对任何想法进行批评或评判。鼓励参与者充分发散思维，尽可能多地提出各种各样的想法。

（2）自由联想。鼓励参与者进行自由地、不受限制地联想，任何想法都可以接受和记录。这有助于打破传统思维模式，引发非常规的创意。

（3）量大胜过质好。追求数量而非质量，许多想法中可能蕴藏着优秀的创意。通过大量的灵感涌现，可以为后续的筛选和整合提供更多选择。

（4）互相激发。参与者之间的相互启发和激发是脑力激荡法的核心。一个人的想法可以触发其他人的联想，形成创意的跳板，推动创意的进一步发展。

（5）脑力激荡法通常分为几个步骤：明确问题或目标、生成大量想法、整合和评估想法以及确定具体的行动计划。这种方法在解决问题、推动创新和团队合作中被广泛应用，为集体创意的产生提供了一种自由而有效的方式。

2. 创意拼图

创意拼图是一种思维训练和创造性工具，通过将不同的元素、概念或观点组合在一起，激发创造力和想象力，以创造出新颖、独特的思考方式或解决方案。人们在面对问题时常常会循规蹈矩地思考，依赖既有的知识、经验和思维模式，很难产生突破性的想法。而创意拼图的出现打开了一扇窗户，让我们可以看到更广阔的思维空间。

创意拼图通常由多个碎片化的元素组成，这些元素可以是文字、图像、符号、关键

词等。它们以各种形式呈现，可以是纸质的卡片、磁贴，也可以是数码设备上的虚拟元素。这些元素被随机分发给参与者，或者由参与者自己选择并进行排列组合。

在创意拼图的过程中，参与者将不同的元素进行重新排列、组合，尝试将它们联系起来，发现它们之间的关联和可能性。这个过程有时会涉及不同领域、不同概念、不同观点之间的跨界思考，以及将看似不相关的元素进行比较和结合。这样的组合和联想可以激发出新的想法、洞察力和创意。

创意拼图的核心思想是通过创造性地组合和连接元素来推动创新。它鼓励打破传统思维的束缚，挑战常规的惯性思维模式，探索不同的思路和方向。在创意拼图的过程中，人们可能会遇到非传统的，甚至是看似荒谬的组合，但这正是激发创意和创新的源泉。

创意拼图有助于培养和发展创造性思维。通过不断尝试不同的组合方式，可以锻炼人们的关联能力、想象力和灵活性。这种思维训练可以使人们更敏锐地发现问题背后的本质，并从不同的角度和层面思考解决方案。创意拼图也可以用于解决问题和促进创新。在解决问题的过程中，人们常常陷入思维僵局，找不到出路。而创意拼图可以提供一个新的视角，通过不同的元素组合和联想，提供新颖和独特的解决方案。此外，创意拼图还可以用于生成创意和激发灵感。在创造性工作中，人们常常需要从各种信息和灵感源中获取创意。通过将不同的元素组合在一起，创意拼图可以激发大量的联想和想法，为创意的产生提供一个丰富的土壤。

然而，创意拼图并非是一个以求快速得到结果的方法。它需要参与者进行深度的思考、实验和尝试，可能需要反复地试错和调整。在创意拼图的过程中，参与者需要保持开放的心态，勇于冒险尝试，并接受可能存在的失败和错误。

——任务解析参考——

1. 脑力激荡法是一种创新性思考工具，主要用于激发集体智慧，产生新的观点和解决方案。请你运用脑力激荡法，为婚纱广告设计行业找出三个创新创意规划的建议。如图 3-2 所示。

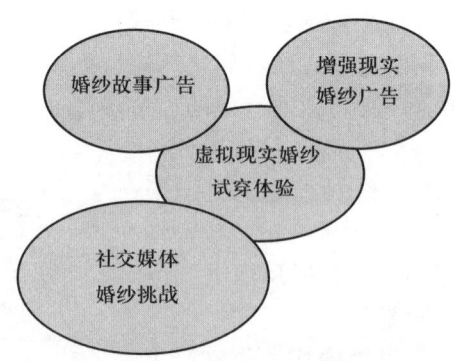

图 3-2　婚纱广告行业创新创意规划建议

2. 对于婚纱广告设计行业来说，创意是最核心的内容，请以"梦幻的婚礼"为主题，用脑力激荡法来激发灵感和创造力，详见表 3-4。

表 3-4　　　　　　　　　　　运用脑力激荡法产生的创意

主题	具体内容
梦幻的婚礼	梦幻般的场景设计，如云端、森林、城堡等
	富有诗意与浪漫的音乐和语言；使用灯光、色彩、动画等技术手段营造梦幻的视觉效果
	讲述富有浪漫和梦幻元素的婚纱故事

3. 在进行脑力激荡的过程中，常常会遇到一些问题，如何解决这些问题？

> ➢ 思想受限：有时，参与者可能会陷入思维定势，很难跳出约束来提出新的创意。这时，可以通过一些创新思维的技巧，如类比思维、颠倒思维等帮助参与者打破思维定势。
> ➢ 缺乏参与：有时，一些参与者可能会选择保持沉默，不愿提出自己的想法。在这种情况下，可以鼓励大家营造开放性和积极的沟通氛围，确保每个人都有机会发言。
> ➢ 讨论偏离主题：有时，讨论可能会偏离主题，导致脑力激荡的效果减弱。这时，主持人需要扮演一个引导者的角色，及时将讨论引回主题。

4. 创意拼图是一种思维工具，主要用于从不同的视角和维度去观察和思考问题，从而激发创新和创意。请结合你对婚纱广告设计行业的理解，使用创意拼图工具，生成具有突破性的婚纱广告设计创意。

请小组成员搜集跟"水"有关的素材，包括但不限于文字、图像、符号、音乐、视频等，将搜集到的素材混合在一起，每个人根据自己的想法进行排列组合，激发出更多具有创意的想法，详见表 3-5。

表 3-5　　　　　　　　　　　运用创意拼图搜集和组合素材

成员名单	搜集素材	组合素材
成员 A	1. 海洋的图像 2. 水滴落下的声音 3. 水的汉字符号 4. 水中婚纱摄影的照片 5.《水形物语》电影片段	创作一个以"水的恋曲"为主题的婚纱广告。视频开头是海洋的图像，搭配水滴落下的声音，然后切换到水中婚纱摄影的照片，最后显示水的汉字符号，象征着像水一样纯净和深沉的爱情
成员 B	1. 雨中的婚纱照片 2. 雨滴打在伞上的声音 3. 水的形状的文字 4. 水面反射的图像 5. 一段描绘水滴的动画	创作一个以"雨的约定"为主题的婚纱广告。视频以雨中的婚纱照片开头，搭配雨滴打在伞上的声音，然后显示水面反射的图像和水的形状的文字描述，最后切换到描绘水滴的动画，象征着恒久不变的承诺

续表

成员名单	搜集素材	组合素材
成员 C	1. 河流的视频 2. 河流流淌的声音 3. 水的化学符号 4. 水中花的图像 5. 描述河流的诗句	创作一个以"爱情的河流"为主题的婚纱广告。视频以河流的视频开头，搭配河流流淌的声音，然后切换到水中花的图像，中间穿插水的化学符号和描述河流的诗句，象征着爱情如河流一样源远流长

5. 在开展创意拼图的过程中常常会遇到一些问题，如何解决这些问题？

> ➢ 素材获取困难：有时，参与者可能发现某些特定的素材难以获取。这时，可以鼓励参与者尝试从不同的来源寻找素材，比如互联网、图书馆、个人收藏等。
>
> ➢ 创新思维缺乏：有时，参与者可能发现自己的想法缺乏创新性。这时，可以鼓励参与者尝试挑战自我，勇敢地尝试那些看似"不可能"的想法。

6. 把通过脑力激荡法和创意拼图产生的想法进行综合整理，筛选出比较好的创意，详见表3-6。

表3-6　　　　　　　　　　　　创意汇总表

主题	创意
水的恋曲	创作一个以"水的恋曲"为主题的婚纱广告。视频开头是海洋的图像，搭配水滴落下的声音，然后切换到水中婚纱摄影的照片，最后显示水的汉字符号，象征着像水一样纯净和深沉的爱情
雨的约定	创作一个"以雨的约定"为主题的婚纱广告。视频以雨中的婚纱照片开头，搭配雨滴打在伞上的声音，然后显示水面反射的图像和水的形状的文字描述，最后切换到描绘水滴的动画，象征着恒久不变的承诺

学习活动 3　创业决策设计

　任务讲解

——知识解析——

1. 品牌形象设计

品牌形象设计（Brand Design）是指基于正确品牌定义下的符号沟通，包括品牌解读及定义、品牌符号化、品牌符号的导入和品牌符号沟通系统的管理及适应调整四个过程，它的任务就是通过美善的符号沟通帮助受众储存和提取品牌印记。

品牌形象设计的原则是根据消费者的感觉以及企业自身的审美和追求而进行。消费者购买商品的心理活动，一般从认识商品的过程开始，而激烈竞争的市场上，品牌成为人们选择商品的重要依据。由此，品牌形象设计的意义就越来越大。品牌形象设计的目的是在激烈的市场竞争中脱颖而出，并与目标受众建立深厚的情感连接。它可以帮助构建品牌的独特性、识别度和信任度，以促使受众选择该品牌而不是竞争对手。

品牌形象设计主要包括品牌的名称、标识物和标识语的设计，它们是该品牌区别于其他品牌的重要标志。品牌名称通常由文字、符号、图案三个因素组合构成，涵盖了品牌所有的特征，具有良好的宣传、沟通和交流的作用。标识物能够帮助人们产生认知和联想，使消费者产生积极的感受、喜爱和偏好。标识语的作用一是为产品提供联想，二是能强化名称和标识物。企业为使消费者在众多商品中选择自己的产品，就要利用品牌名称和品牌设计的视觉现象引起消费者的注意和兴趣。这样，品牌的真正意义才显现出来，才会日渐走进消费者的心中。

因为人们对品牌的偏好大部分是从视觉中获得的，所以树立良好的品牌视觉形象是十分必要的，这也是确定品牌在消费者心中地位的有效途径。

2. 用户指南针地图

用户指南针地图是一种信息架构工具，用于呈现产品或服务的全貌、结构和关联，以便用户能够快速了解并导航其中的功能和内容。它类似于地图，通过可视化的方式呈现产品的不同部分以及它们之间的关系。用户指南针地图通常包括以下要素：

（1）主要功能。用户指南针地图清晰地列出了产品或服务的主要功能，使用户能够一目了然地了解到产品提供的核心功能。

（2）信息结构。用户指南针地图描述了产品中各个功能之间的关系和层次结构。通过明确的组织和分类，用户可以轻松地找到所需功能并了解它们

之间的关系。

（3）导航路径。用户指南针地图展示了用户在产品中的导航路径，使用户能够迅速找到所需功能并在不同界面之间进行转换。

（4）内容概览。用户指南针地图提供了产品或服务所包含的不同内容的概览，有助于用户了解产品中可获得的信息或资源。

（5）用户需求。用户指南针地图考虑了用户的需求，以便在设计过程中优化用户体验，更好地满足用户期望。

（6）交互设计。用户指南针地图展示了产品的交互设计，包括界面元素、操作流程和用户输入，帮助用户理解如何与产品进行交互并实现目的。

用户指南针地图在产品开发的早期阶段就被用于规划和设计。它为设计团队、开发团队和利益相关者提供了一个共同的参考点，以确保产品的一致性和用户的友好性。用户指南针地图可以作为产品文档的一部分，也可以作为演示工具用于向利益相关者展示产品的功能和架构。它帮助用户快速理解产品的全貌和结构，提高产品的可用性和用户满意度。

——任务解析参考——

1. 请每个人谈谈自己想做一个什么样的品牌，有什么品牌特征？品牌策略是什么？详见表 3-7。

表 3-7　　　　　　　　　　品牌特征与品牌策略汇总表

成员	品牌特征	品牌策略
成员 A	1. 独特：利用水这一主题创造独特的婚纱广告设计 2. 多元：采用多媒体形式，包括视频、音乐、插画等 3. 故事性：通过收集新人的爱情故事，转化为个性化的婚纱广告	主要以讲述婚纱故事为主题，通过新人的爱情故事，进行品牌塑造和推广。利用社交媒体、网站和线下活动等多元化的宣传方式，提高品牌的知名度和影响力
成员 B	1. 情感化：把新人的爱情故事注入婚纱广告中，使得每一个广告都充满情感和故事性 2. 定制化：为每一对新人提供定制化的婚纱广告设计服务	主要以情感化和定制化的婚纱广告设计为卖点，通过在线媒体和线下体验店等方式，推广品牌，吸引客户。同时，提供优质的客户服务，提升客户的忠诚度和满意度
成员 C	1. 美学：追求高品质的设计美学，提供美观而有内涵的婚纱广告设计 2. 环保：注重环保和可持续性，采用环保的材料和设计方法 3. 人性化：充分考虑新人的需求和感受，提供人性化的设计服务	主要以高品质的设计美学和环保理念为品牌标识，通过各种渠道进行品牌宣传和推广。同时，不断研发新的设计方法和工具，提升设计的效率和品质

2. 对于大家的意见进行讨论分析，综合起来，完善品牌形象设计，详见表 3-8。

表 3-8　　　　　　　　　　　　　品牌形象设计

品牌形象设计	具体设计
品牌定位	品牌定位为高端定制，专注于为新人打造个性化、情感化的婚纱广告
品牌标识	品牌标识是一个简洁而独特的水滴图形，寓意纯净和深沉的爱情。配色为淡雅的水蓝色和白色，体现出品牌的清新和浪漫氛围
视觉元素	视觉元素包括海洋、雨滴、河流等与水相关的图像，以及描绘新人爱情故事的插画和文字。颜色主要以蓝色和白色为主，体现出品牌的主题和氛围
声音和音乐	声音和音乐设计以水的声音（如水滴、海浪、雨声等）和浪漫的音乐为主，营造出梦幻和浪漫的氛围，提升广告的情感感染力
品牌故事和传播内容	品牌故事讲述的是新人的爱情故事，通过婚纱广告设计，这些爱情故事得以转化为具有情感和故事性的广告。传播内容主要通过社交媒体、网站和线下活动进行推广
用户体验	用户体验设计以新人为中心，从他们的需求和感受出发，提供定制化的婚纱广告设计服务。同时，提供优质的客户服务，包括快速响应、专业指导、售后保障等，以提升客户的满意度和忠诚度

注意事项：不能侵权、组成元素要恰当、要有记忆点。

3. 请使用"用户指南针地图"工具，结合你对婚纱广告设计行业的理解，设计出一个满足目标用户需求的婚纱广告设计服务方案。

用户对主要功能的创意设计非常满意　　我们的服务提供个性化的婚纱广告设计，可以将新人的爱情故事转化为具有情感和故事性的广告。	用户对主要功能提出新的构想　　一些用户提出，希望我们的服务能提供更多的互动元素，例如让观众参与广告的创作。
用户对主要功能不清楚　　例如用户可能不清楚我们的广告如何将新人的爱情故事转化为广告，或者可能不清楚我们的广告如何通过多媒体形式进行展示。	用户对主要功能不满意　　如果用户觉得我们的广告设计不够个性化或者创新，我们可以考虑引入更多的设计元素和创新技术，使广告更加符合用户的需求。

学习活动4　商业落地实施

任务讲解

——知识解析——

1. 创业团队的组建

当你需要判断商业理念是否有潜力时，首先要做的是找到合适的团队。而当你成立自己的管理团队时，你需要考虑5个方面的关键因素：适当的技能以及此前的创业经验、合适的个性、共同的目标和远大的抱负。

（1）适当的技能以及此前的创业经验。前两点因素可以合并分析，也通常紧密结合在一起。例如，在招聘首席营销官时，你可能认为需要找到一名具备强大营销技能的人才。然而，针对不同的营销载体，如数字媒体、印刷媒体、电视媒体和直邮，具体的招聘策略有所不同，不同的行业所需要的专业性也不尽相同。因此在招聘之前，你需要确保应聘者深入了解你所处的行业，并在你的预算范围内有过成功扩大业务的经验。

例如，不要让曾掌管10亿美元预算的首席营销官负责你创业公司的100万元预算。他很可能只知道如何利用庞大的团队和庞大的预算去打造品牌，而并不清楚如何基于有限的预算，通过多种创新的方式（如社交媒体、移动技术、搜索引擎优化）发展业务，或是自卷起袖子来大干一场。因此，以往供职创业公司的经验将成为加分项。

（2）合适的个性。正如所有人了解的，创业公司需要员工7天24小时的努力。因此，你会与同事共度很长时间。在无数个加班的夜晚中，团队成员之间个性的融合非常关键。

（3）共同的目标。关于正在进行的工作，团队每个成员都应有着同样的目标。例如，当我们希望制造一辆汽车时，团队成员要对其中的细节非常明确，包括开发的车型、面向的市场、开发成本以及市场策略等。

（4）远大的抱负。最重要的一点在于，团队中的所有人都必须对产品有着深深的热情并视其为自己的理想，从而全力投入，才能迅速赢得市场。这是一项朝九晚五的工作，所以支撑你拼命工作的将是你对工作的热情。再以首席营销官为例，某些人的工作非常轻松，他们有着秘书和庞大的预算，管理着巨大的团队。但当这样的人加入创业公司，在面临着繁重的工作量和超长的工作时间时，将会很难适应。

2. 创业团队的股权设计

股权，简单来说就是股东在公司中拥有的所有权份额，直接反映了股东对公司的控制力、利润分享比例以及在公司清算时享受的优先级。

（1）初创企业股权设计原则。在设计股权时，有

三个基本原则需要遵循：公平性，激励性和保值性。公平性指的是股权应根据团队成员的贡献进行分配，激励性意味着股权设计应激励团队成员持续作出贡献，保值性则强调股权设计应考虑未来可能发生的变化，以保护创业团队的利益。

（2）常见的股权设计。股权设计主要有四种类型：最大占股67%、51%、34%和10%，以下分别进行解释。

1）最大占股67%。在这种设计下，创始人或创始团队拥有最大的控制权和决策权。这种设计通常适用于那些拥有强大领导能力和资深行业经验的创始人，他们对公司的发展有明确的设想和决策。

2）最大占股51%。这种设计意味着创始人或创始团队仍然保有控制权，但在某些重大决策上可能需要股东的支持。这种设计适用于需要引入外部投资，同时创始团队希望维持控制权的情况。

3）最大占股34%。在这种设计下，创始人或创始团队可能没有绝对的控制权，但仍然有一定的影响力。这种设计通常适用于需要大量外部资本的公司，同时创始团队愿意与外部投资者分享控制权。

4）最大占股10%。在这种设计下，创始人或创始团队通常不拥有控制权，这意味着他们需要与其他股东合作进行决策。这种设计常见于需要大量外部投资，并且创始团队愿意分享大部分控制权的情况。

这四种股权设计只是常见的类型，并非一成不变，真正的股权设计需要考虑到创业公司的特殊情况和需求。理解并选择合适的股权设计，将有利于公司的健康发展和长远利益。

3. 360度反馈

360度反馈是一种多维度的评估方法，通过收集来自各个方面的意见和反馈，全面了解个人在工作中的表现、能力和发展需求。它包括来自上级、同事、下属以及其他相关人士的观察、评价和建议。这种综合性的反馈可以提供更全面、客观的信息，帮助个人识别自己的优点和改进的方向，促进个人成长和组织发展。

（1）360度反馈的内容。根据不同的具体情况和目的而有所不同，通常包括以下五个方面：

1）上级评价。上级可以针对个人的工作表现提供评价和建议，包括领导能力、目标达成情况、专业知识和技能等方面的评估。他们可以从更整体的角度评估个人的工作效果和潜力，并提供指导和培养的建议。

2）同事评价。同事们可以针对个人与团队合作情况、沟通协调能力以及互动关系提供评价。他们的观察可以帮助个人发现自身在团队中的作用和影响，以及与他人的合作方式是否有效和高效。

3）下属评价。下属可以针对个人的领导风格、指导和支持能力提供评价。他们可以发现个人在领导团队、培养他人和激励下属方面的优缺点，并提供改进意见。

4）客户或外部评价。客户或外部合作伙伴的反馈也是有价值的，他们可以针对个人在与外部人士沟通合作、应对问题和满足需求方面提供评价，帮助个人了解自己对外部利益相关者的影响力。

5）自我评价。除他人的反馈外，个人的自我评价也是重要的一环。个人可以通过反思和自我评估来识别自身的优势与改进的方向，然后将自我评价与他人的反馈相结合，形成更全面、更客观的认知。

（2）注意事项。

1）匿名性。为了鼓励大家提供真实和开放的反馈，通常建议采用匿名方式进行评价，以确保参与者的意见得到保护，并降低参与者担心被报复或尴尬的可能性。

2）评价标准和量表。为了确保评价的一致性和可比性，可以使用特定的评价标准和量表。这些标准和量表应与组织的价值观、目标和工作要求相匹配，以获取更有针对性的反馈。

3）反馈解读和行动计划。接收到360度反馈后，个人需要认真阅读和解读评价结果，并与他人进行深入讨论和反思。基于反馈结果，可以制订个人发展计划，并采取措施改进个人能力和表现。

4）组织支持和跟进。组织需要提供必要的支持和资源，帮助个人在改进过程中实现目标。领导者和管理团队应与个人保持沟通并提供指导，确保反馈得以落地和实施。

4. 毛利率分析

毛利率是一个用于评估企业盈利能力的重要指标，它表示每单位销售收入中用于覆盖成本和产生利润的比例。毛利率是财务分析中常用的指标之一，可以帮助企业了解其产品或服务销售的盈利情况。

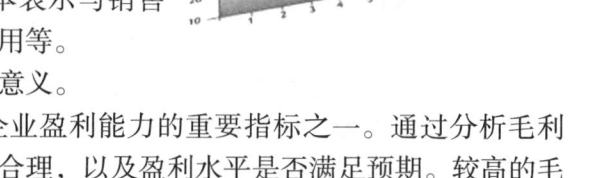

毛利率的计算公式如下：毛利率=（销售收入–销售成本）/销售收入×100%。

其中，销售收入是企业在特定时期内通过销售产品或提供服务所获得的总收入；销售成本表示与销售相关的成本，包括原材料、人工、制造费用等。

毛利率分析对企业经营管理具有重要意义。

（1）盈利能力评估。毛利率是评估企业盈利能力的重要指标之一。通过分析毛利率，可以判断企业产品或服务的定价是否合理，以及盈利水平是否满足预期。较高的毛利率通常意味着企业具备更强的盈利能力。

（2）盈利结构分析。毛利率分析可以帮助企业了解不同产品或服务的盈利状况。通过对不同产品或服务的毛利率进行比较，可以确定哪些产品或服务对企业盈利贡献较高，进而优化产品组合和资源配置。

（3）成本控制和效率提升。毛利率分析对于企业的成本控制和效率提升非常重要。通过分析，企业可以了解到底销售成本中哪些方面偏高，从而找到降低成本、提高效率的方法。例如，可以通过优化供应链管理、提高生产效率、降低原材料采购成本等方式来改善毛利率。

（4）竞争力评估。毛利率也可以用于评估企业的竞争力。当企业的毛利率相对较高时，说明企业有更多的空间应对市场竞争，具备更强的定价能力。此外，企业通过提供有竞争力的产品和服务，也可以吸引更多的客户和市场份额，从而提高毛利率。

（5）经营决策支持。毛利率分析为企业的经营决策提供了重要依据。在制定销售策略、定价策略、产品组合策略等方面，毛利率可以提供参考，并帮助企业做出更明智的决策。

5. 商业模式画布

商业模式画布是一种可视化工具，用于描述和理解一个企业的商业模式。如图3-3所示，商业模式画布由互相关联的九个要素组成，这些要素共同构成了企业的商业逻辑和价值创造过程。商业模式画布能够帮助企业家和管理者全面、系统地思考和设计企业的商业模式，并在不同层面上进行分析和优化。

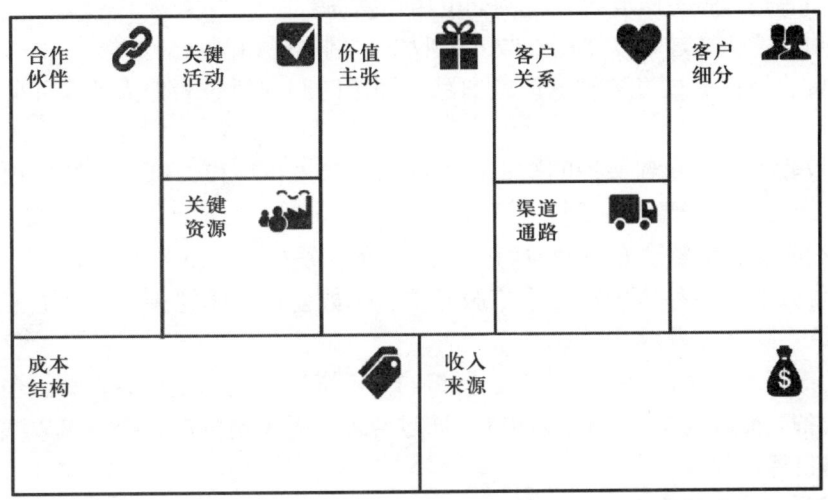

图3-3　商业模式画布

以下将详细介绍商业模式画布的九个要素：

（1）客户细分。客户细分构造模块用来描绘一个企业想要接触和服务的不同人群或组织，这里是指客户群体。

（2）价值主张。价值主张构造模块用来描绘为特定细分客户创造价值的系列产品和服务，这里主要是指企业的产品、服务或者解决方案。

（3）渠道通路。渠道通路描述了企业如何将价值主张传递给目标客户群体。例如，通过直接销售、零售分销、电子商务等方式，企业可以选择最适合的渠道来触达客户并交付产品或服务。渠道通路可以分为自有渠道和他有渠道、线上渠道和线下渠道。

渠道的价值主要包括以下五点。

1）知名度：使客户更加了解公司的产品和服务。

2）评估：帮助客户评估一家公司的价值主张。

3）消费：提供更多消费点，使客户得以购买某项产品和服务。

4）传递：向客户传递价值主张，解决问题，实现需求。

5）售后：向客户提供售后支持。

（4）客户关系。客户关系是指企业与客户群体之间的互动和关系，包括获取新客户、建立长期关系、提供售后服务等方面。通过良好的客户关系，企业可以提升客户的忠诚度和满意度。

例如共同创造，与客户共同创造价值，许多公司超越了传统的客户与供应商的关系，而倾向于和客户共同创造价值。

（5）收入来源。收入来源描述了企业如何从价值主张中获得收入，包括直接销售产品、订阅服务、广告收入等多种形式。通过明确收入来源，企业可以制定有效的盈利模式。

常见的收入来源有以下七种。

1）资产收费：最常见的收入方式，例如房产或一般的商品。

2）使用收费：特定服务收费，例如电信运营商。

3）订阅收费：通过重复使用的收入来收费，例如视频网站会员。

4）租赁收费：通过将某种资产或商品在固定时间内暂时为他人所有而收费，例如共享单车。

5）授权收费：将受到保护的知识产权或形象等进行授权，例如专利费用、IP使用费、安卓系统授权、形象代言人。

6）经纪收费：为整合多方利益而收取的中介服务费，例如房产中介费。

7）广告收费：各种广告宣传推广服务费，例如爱奇艺的视频广告和搜索引擎的推广费。

（6）关键资源。关键资源是指企业所需的关键资产、技术或人力资源，包括专利技术、生产设备、品牌声誉、员工技能等。通过合理配置关键资源，企业可以实现其价值主张和战略目标。

关键资源的分类主要有以下四种。

1）物理资源：厂房和设备等有形资源，例如传统产品制造商。

2）无形知识性资源：品牌、产权、形象，例如迪士尼的IP资源。

3）人力资源：人员，例如华为的研发人才，腾讯拥有的广大社交用户。

4）财务资源：资金，例如投资机构的资金注入，京东的企业现金流。

（7）关键活动。关键活动是指企业必须进行的关键操作和任务。例如生产制造、市场推广、研发创新等。通过明确关键活动，企业可以有效地管理运营过程，提高效率和竞争力。关键活动类型举例如下：

1）生产制造：核心是生产和制造商品，比如耐克厂家生产鞋子和衣服。

2）解决问题：为个别用户提供解决方案，比如设计公司提供的工业、品牌、服装设计服务等。

3）平台/网络：以平台为核心资源的商业模式，其关键业务都是与平台或网络相关的，比如微博要维护自身的服务器。

（8）合作伙伴。合作伙伴描述了企业与其他组织或企业之间的合作关系，包括供应商、分销商、共同研发伙伴等。通过建立合作伙伴关系，企业可以共享资源、降低成本、扩大市场份额。

1）合作伙伴的价值：包括商业模式优化及规模效应，比如可口可乐的价格（可口可乐多年都不涨价,更多归因于其规模生产,还有供应商的管控);降低风险和不确定性,比如大部分网点使用支付宝和微信支付;特殊资源及业务活动的获得,比如腾讯与京东的战略合作。

2)合作伙伴的类型:包括非竞争者之间的战略同盟,竞争者之间的战略同盟,为新业务建立合资公司,基于供应关系的合作。

(9)成本结构。成本结构描述了企业的各项费用和成本,包括固定成本、变动成本、人力成本等。通过清晰地了解成本结构,企业可以优化成本控制,提高盈利能力。

商业模式画布的九个要素相互关联,共同构成了一个完整的商业模式。通过对每个要素的深入分析和设计,企业可以全面评估商业模式的优势和风险,并针对性地进行优化和创新。

——任务解析参考——

1. 根据组建团队的五个关键因素,了解团队所需要的人才,详见表3-9,完成团队组建。

表3-9　　　　组建团队的关键因素、具体内容及符合条件的人才

关键因素	具体内容	符合条件人才
适当的技能	针对广告设计行业,我们需要具备良好的设计和创新思维能力的人才,以及能够有效地将创意转化为实际产品的人才	设计师、创意导演、多媒体编辑、广告制作人等
此前的创业经验	有在初创公司工作经验的人才,能更好地适应创业公司的快节奏和不确定性,他们可能具有更好的问题解决的能力和适应性	在初创公司或广告设计公司工作过的人员
合适的个性	我们需要寻找那些可以与团队其他成员和谐相处,能够在团队环境中有效工作的人才	开放的、善于沟通的、乐于合作的人才
共同的目标	我们需要寻找那些与我们公司愿景和目标一致的人才,他们愿意为实现这些目标付出努力	重视创新和个性化的人才,愿意致力于为新人创造独特婚纱故事的人才
远大的抱负	我们需要寻找那些有雄心壮志、愿意挑战自我、追求卓越的人才。他们的远大抱负可以激发团队的活力和创新	有远见的、愿意接受挑战的、有创新思维的人才

2. 请确定创业团队成员的角色身份。

创始人/总经理
1. 姓名：陈俊
2. 分工：负责整体运营和管理
3. 专长：管理技能、市场营销
4. 经历/背景：有过婚纱摄影公司实习经历

故事收集与创意团队负责人
1. 姓名：玉婷
2. 分工：收集客户的爱情故事，并创造个性化的婚纱广告创意
3. 专长：人际交往、创意思维、故事讲述
4. 经历/背景：曾在一家知名广告公司实习

摄影与视频制作团队负责人
1. 姓名：李磊
2. 分工：负责婚纱照摄影、视频拍摄
3. 专长：摄影技术、视频剪辑、后期制作
4. 经历/背景：学校摄影社社长，具有丰富的摄影经验

插画与平面设计团队负责人
1. 姓名：张丽
2. 分工：负责平面设计、插图创作和视觉效果
3. 专长：插画设计、平面设计、视觉艺术
4. 经历/背景：精通PS、插画设计

---

3. 请设计创业团队成员的股权，详见表3-10，并如图3-4所示，以饼形图的形式具体展观。

表3-10　　　　　　　　创业团队成员股权分配表

创业团队	具体占比
创始人	67%
故事收集与创意团队	11%
摄影与视频制作团队	12%
插画与平面设计团队	10%

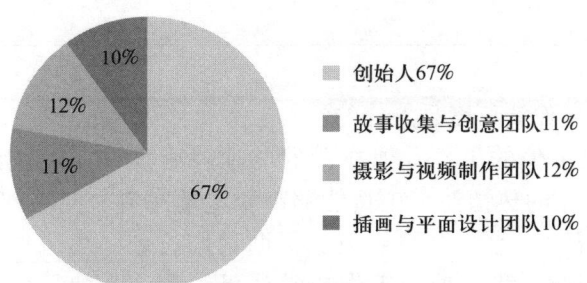

图 3-4　创业团队成员股权分配图

4. 360度反馈评价体系是一种综合评价方法，旨在通过收集和整合来自各方的意见和反馈，全面了解团队和个人在工作中的表现和能力，以及潜在的发展需求。它可以从多个角度收集反馈，包括上级、同事、下属以及客户等，提供全面、客观的信息，帮助团队和个人了解他们的优点和改进的方向，从而促进个人成长和组织的发展。请结合你所了解的婚纱广告设计行业的特点和需求，创建一个适合婚纱广告设计类合伙企业的360度反馈评价体系，如图3-5所示。

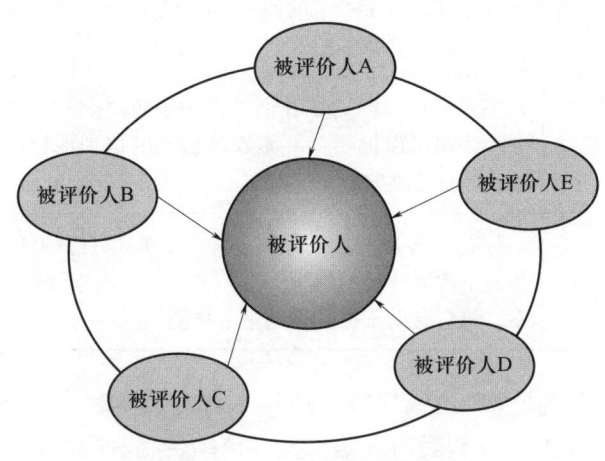

图 3-5　360度反馈评价体系

5. 对被评价人进行综合评价，详见表3-11，找出被评价人的不足之处并加以提升。

表 3-11　　　　　　　　　　　评价等级量表

问题	评价等级			
例：你对他工作的认可度	优	良	中	差
创新思维能力		√		
多媒体编辑能力				√
客户沟通和满意度			√	

> **开放式问题**
>
> 问：你对他的工作认可度是怎样的？
>
> 答：我非常认可他的工作。他在我们的项目中发挥了关键的作用，他对于细节的关注以及对工作的热情使得项目能够高质量地完成。他的创新思维也为我们团队提供了很大的帮助，他提出的新想法帮助我们打破了思维僵化，找到了新的解决问题的方法。因此，我对他的工作非常认可，我认为他是我们团队中的重要成员。

6. 根据评价的结果向被评价者反馈意见，详见表3-12，以帮助被评价者提高能力水平和业绩水平。

表 3-12　　　　　　　　　　评价结果与反馈意见

评价结果	反馈意见
创新思维能力：良	你已经展现了一定的创新思维能力，但仍有提升空间。可以尝试通过思维导图、创意拼图等创新方法锻炼和提升这方面的能力
多媒体编辑能力：差	多媒体编辑能力是我们工作中很重要的一部分，你在这方面需要加强。公司可以提供一些多媒体编辑的培训课程，也鼓励你通过自我学习，提升这项技能
客户沟通和满意度：中	你在与客户沟通中做得还不错，但也有提升的空间。可以多参加一些关于沟通技巧的培训，在与客户的交流中要注意听取客户的需求和反馈，将会有助于提升你的这个技能

7. 毛利率是衡量企业每单位销售收入中用于覆盖成本和产生利润的比例的重要指标，它可以用来评估企业的盈利能力。基于此，请结合毛利率的计算和分析，评估你的婚纱广告设计类合伙企业的盈利能力。

毛利率的计算公式如下：毛利率＝（销售收入－销售成本）/销售收入×100%，准备好相关数据，进行毛利率计算，详见表3-13。

表 3-13　　　　　　　　　　毛利率计算

相关数据	金额	毛利率
预测销售收入	100 000 元	50%
预测销售成本	50 000 元	

8. 商业模式画布是一种被广泛应用的商业模型设计工具，它能够全面而系统地描述一个企业的商业模式。请运用商业模式画布的九个要素，详细描述你的婚纱广告设计类合伙企业的商业模式。

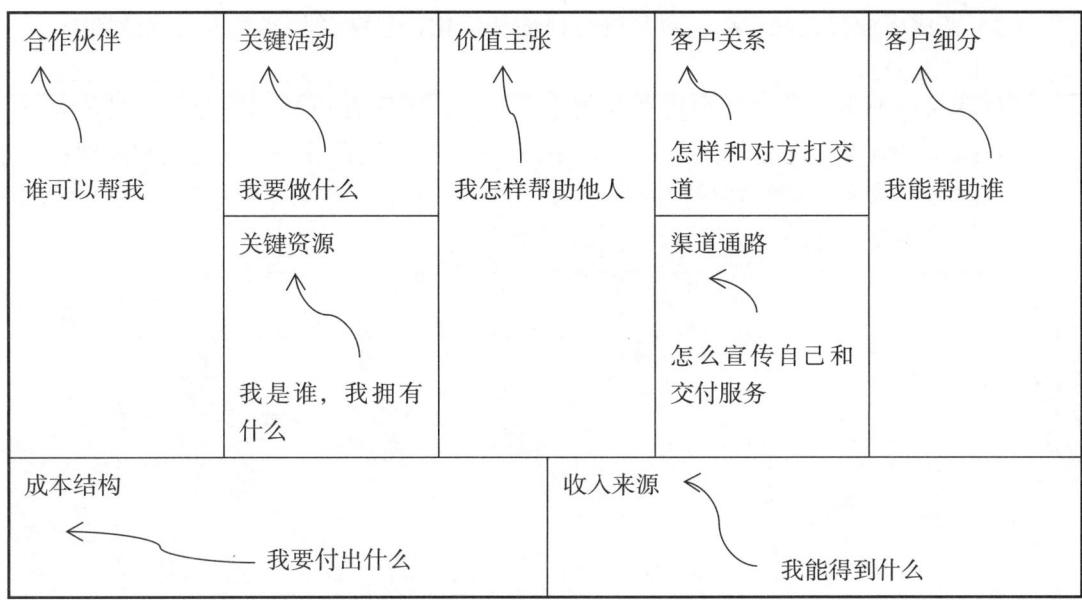

（1）根据以上提示，完成商业模式画布的建立，详见表3-14。

表3-14　　　　　　　　　　商业模式画布的建立

模块	具体内容
合作伙伴	与婚纱摄影师和婚礼策划公司建立合作伙伴关系，共享客户资源和信息。与婚纱品牌和婚纱店合作，获取优质的婚纱样品和供应商资源
关键活动	收集新人的爱情故事和需求，进行个性化广告设计和定制服务
关键资源	创意设计师和广告团队，负责将爱情故事转化为优质婚纱广告。多媒体技术和制作设备，用于创作和展现个性化婚纱广告
价值主张	提供个性化的婚纱广告设计服务，满足新人对独特和特别婚纱广告的需求。提供专业的咨询和推荐服务，帮助新人选择适合的婚纱样式和广告形式
客户关系	与客户建立良好的互动关系，倾听他们的需求和意见，并及时回应。持续提供客户支持和售后服务，确保广告效果的满意度和客户满意度
渠道通路	通过社交媒体平台和网站展示婚纱广告作品，吸引潜在客户的关注。与婚礼策划公司、婚纱店等建立合作关系，扩大销售渠道和影响力
客户细分	新婚夫妇和准新人是主要客户群体，他们希望拥有个性化的婚纱广告来展示自己的爱情故事。部分婚礼策划公司和婚纱店也可能成为潜在客户，以合作方式提供个性化婚纱广告服务
成本结构	创意设计和广告制作的人力成本，确保广告质量和个性化设计。多媒体技术设备和软件的投资，用于制作婚纱广告的多样化展现
收入来源	婚纱广告设计和制作收入，客户根据个性化服务和广告形式支付相应费用。与合作伙伴建立收入分享模式，通过合作共同分享收益

（2）完成商业模式画布后，对其进行评估和优化，总结经验，完善商业计划书。

> 优化价值服务：收集客户反馈和满意度调查，了解客户对广告设计和服务的评价。根据反馈意见，优化婚纱广告设计和提供的服务，确保客户的满意度和口碑。
>
> 改进客户关系：加强客户沟通和互动，建立稳固的客户关系。定期与客户联系，提供个性化服务和支持，增加客户黏性和忠诚度。

学习活动 5　商业计划管控

任务讲解

——知识解析——

1. 合伙企业法律形式

合伙企业需要两个或两个以上的合伙人，无资本数量限制。成立条件较为复杂，需要两个以上的合伙人订立书面合伙协议，有合伙人的实际出资、合伙企业的名称、经营场所和从事合伙经营的必要条件。合伙企业的合伙人要依照合伙协议共同经营、共享利益、共担风险，各合伙人按照协议分配利润，同时要对合伙债务负无限连带责任。

2. 合伙企业注册流程

（1）申请。由全体合伙人指定的代表或者共同委托的代理人向企业登记机关申请设立登记。

（2）受理、审查和决定。申请人提交的登记申请材料齐全、符合法定形式，企业登记机关能够当场登记的，应予当场登记，发给合伙企业营业执照。企业登记机关应当自受理申请之日起 20 日内，做出是否登记的决定。予以登记的，发给合伙企业营业执照；不予登记的，应当给予书面答复，并说明理由。

（3）需准备的材料。

1）全体合伙人签署的《合伙企业登记（备案）申请书》。

2）全体合伙人的主体资格证明或者自然人的身份证明。

3）全体合伙人指定代表或者共同委托代理人的委托书。

4）全体合伙人签署的合伙协议。

5）全体合伙人签署的对各合伙人缴付出资的确认书。

6）主要经营场所证明。

7）《名称预先核准通知书》（设立申请前已经办理名称预先核准的须提交）。

8）全体合伙人签署的委托执行事务合伙人的委托书；执行事务合伙人是法人或其他组织的，还应当提交其委派代表的委托书和身份证明复印件（核对原件）。

9）以非货币形式出资的，提交全体合伙人签署的协商作价确认书或者经全体合伙人委托的法定评估机构出具的评估作价证明。

10）法律、行政法规或者国务院规定设立合伙企业须经批准的，或者从事法律、行政法规或者国务院决定规定在登记前须经批准的经营项目，须提交有关批准文件。

11）法律、行政法规规定设立特殊的普通合伙企业需要提交合伙人的职业资格证明的，提交相应证明。

12）国家市场监督管理总局规定提交的其他文件。

3. 供应链风险分析

供应链风险分析是对供应链系统中可能发生的风险进行评估和预测的过程。它涉及对供应链中各个环节、各个参与方以及外界因素进行综合分析，以识别潜在的风险，并采取相应的措施来减轻或应对这些风险。

供应链风险分析的内容通常包括以下几个方面：

（1）供应商风险。供应链中的供应商可能面临的风险，包括质量问题、交付延迟、支付能力不足等。通过评估供应商的稳定性、质量管控能力、业务连续性计划等方面的指标，可以确定供应商风险的程度。

（2）需求风险。需求波动、市场竞争、消费者偏好变化等因素可能导致供应链的需求风险。通过分析市场数据、销售预测、市场调研等手段，可以预测需求变化并评估需求风险的影响。

（3）库存风险。供应链中库存管理可能存在的风险，包括过高或过低的库存水平、库存损失、库存过期等。通过库存数据分析、订单满足率评估、库存周转率计算等手段，可以确定库存风险的现状和潜在问题。

（4）物流风险。物流环节中可能面临的风险，包括运输延误、运输成本增加、货物损坏等。通过对物流网络、运输过程、供应链可视化等的分析，可以评估物流风险并制定相应的物流管理策略。

（5）技术风险。供应链中的信息系统、数据安全、技术创新等方面存在的风险可能影响供应链的正常运作。通过评估信息系统的可靠性、安全措施的有效性以及技术更新的速度等指标，可以确定技术风险的程度。

（6）政策与法规风险。政策变化、贸易壁垒、法律法规的要求等因素可能对供应链的运作带来风险。通过了解相关政策、法规以及监管机构的要求，可以识别潜在的政策与法规风险，并制定相应的合规策略。

（7）自然灾害与灾难风险。地震、洪水、火灾等自然灾害以及电力中断、网络故障等灾难事件可能对供应链系统造成重大影响。通过评估地理位置、气象数据、灾备计划等方面的信息，可以预测自然灾害与灾难风险，并采取相应的风险管理措施。

4. 广告设计类合伙企业商业计划书模板

（1）企业概述。

公司名称和业务性质：提供什么类型的广告设计服务。

商业目标和愿景：阐述企业的长期目标和发展方向。

（2）合伙人和组织结构。

合伙人：描述各个合伙人的角色、经验、技能和责任。

组织结构：描绘公司的内部组织和运作方式。

（3）市场分析。

目标市场：描述主要服务的消费者群体，以及他们的消费需求和习惯。

行业分析：了解广告设计行业的现状，例如市场规模、增长趋势等。

竞争对手分析：描述主要的竞争对手以及他们的优势和劣势。

（4）服务介绍。

广告设计服务：详细介绍设计服务种类、创新理念、执行方式等。

服务优势：阐述为什么选择你的服务，比如创新设计、专业团队、高效执行等。

（5）运营策略。

创意和设计流程：描述从接受任务到交付成果的整个过程。

客户关系管理：描述如何与客户沟通和维持良好的关系。

（6）营销和销售策略。

客户获取策略：如何吸引新的客户，例如投标、社交媒体宣传等。

客户维护：描述如何保持和提升客户满意度和忠诚度。

（7）财务计划。

开支预算：预估开业初期的投入以及日常运营成本。

收益预测：预测在一定时期内的收益情况。

（8）风险和问题。

潜在风险：例如创意产权问题、客户需求变动、市场竞争等。

应对策略：如何预防和处理可能出现的问题和风险。

（9）发展计划。

扩张策略：计划如何扩大业务规模或扩展服务种类。

长期目标：描述你希望公司在未来的发展方向。

——任务解析参考——

1. 充分了解影响企业的因素，根据项目具体情况，决定企业法律形式的选择，详见表3-15。

表 3-15　　　　　　　　项目具体情况及综合考虑决定

考虑因素	具体内容	综合考虑决定
拟创办企业的规模	初期小规模，逐步扩大成中型甚至大型公司	结合婚纱故事主题，我们创办一家以讲述婚纱故事为核心的广告设计公司。以小规模起步，准备15万元的资金，团队由4名专业人员组成。致力于创造独特美丽的婚纱故事，应对市场竞争风险，并抓住行业发展机遇。我们相信通过创新努力，公司将在长期发展中获得成功
创业时所拥有的资金数	15万	
共同创业人数	4人	
创业的观念	专注于婚纱故事广告设计，呈现婚纱故事的美丽和感动	
所能承受的风险	客户需求变化风险：婚纱行业需求随时间变化，可能会面临市场需求低迷或者变化的情况。我们需要密切关注市场趋势和客户反馈，灵活调整产品和服务，以适应变化的需求	
所在行业的发展前景	婚纱行业稳定发展，个性化需求增加，婚纱故事广告设计有良好发展前景	

2. 请了解企业注册流程，阐述合伙企业注册分为__2__个步骤。

合伙企业注册：

① 申请：
　　由全体合伙人指定的代表或者共同委托的代理人向企业登记机关申请设立登记。

② 受理、审查和决定：
　　申请人提交的登记申请材料齐全、符合法定形式。企业登记机关能够当场登记的，应予当场登记，发给合伙企业营业执照。

3. 供应链风险分析是一种关键的战略工具，它能够帮助企业预测可能出现的风险，并为这些风险制定相应的管理策略。如图 3-6 所示，请你结合供应链风险分析的七个关键要素——供应商风险、需求风险、库存风险、物流风险、技术风险、政策与法规风险，以及自然灾害与灾难风险，对婚纱广告设计行业进行全面的风险分析。

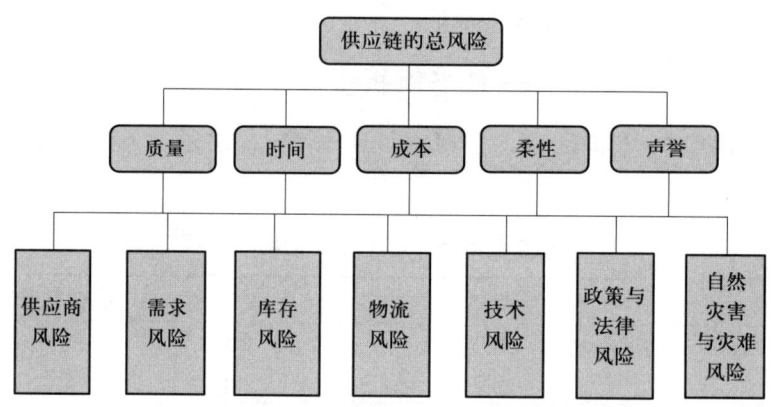

图 3-6　供应链风险分析的七个关键要素

（1）供应商风险：婚纱设计师或制造商出现质量问题，导致产品无法按时交付。供应商的信誉受损，可能会导致合作关系破裂或交付中断。

（2）需求风险：需求波动性大，市场竞争激烈，可能导致订单量不稳定。新的时尚潮流或风格突然兴起，需求方向性变化，可能导致销售下降。

（3）库存风险：储存婚纱成本高，如果库存积压过多，可能导致资金损失。销售季节性波动大，若库存无法调整，可能导致婚纱滞销和过期。

（4）物流风险：运输延误或损坏，导致产品无法按时交付或需要额外成本修复。供应链中的某个环节中断，可能导致交货延迟或无法交付。

（5）技术风险：网络安全威胁，可能导致盗版设计或客户数据泄露。设计软件或硬件故障，可能导致设计过程中断或质量问题。

（6）政策与法律风险：国家或地区政策变化，可能导致进口和出口限制，影响供应链流程。涉及专利或版权的法律纠纷，可能导致生产和销售中断。

（7）自然灾害与灾难风险：地震、洪水、风暴等自然灾害可能导致供应链中断或物流问题。突发事件如流行病或恐怖袭击，可能导致市场不稳定或消费者需求下降。

4. 根据广告设计类合伙企业商业计划书框架，以表3-16的格式为依据，完成商业计划书。

表3-16　　　　　　广告设计类合伙企业商业计划书框架模板

（1）项目名称：婚纱故事广告设计公司

（2）企业概述

我们是一家专注于婚纱故事广告设计的公司，致力于为每对新人打造独特的个性化广告。通过收集新人的爱情故事，我们将其转化为精心制作的多媒体广告，包括视频、音乐和插画等元素，以展示他们的爱情故事和婚礼独特魅力。

（3）合伙人和组织结构

创始人/总经理—陈俊：有过婚纱摄影公司实习经历，负责整体运营和管理。

故事收集与创意团队负责人—玉婷：曾在一家知名广告公司实习，负责收集客户的爱情故事，并创造个性化的婚纱广告创意。

摄影与视频制作团队负责人—李磊：学校摄影社社长，具有丰富的摄影经验，负责婚纱照摄影、视频拍摄。

插画与平面设计团队负责人—张丽：精通PS、插画设计，负责平面设计、插图创作和视觉效果。

（4）市场分析

目标市场。我们的目标市场是准备结婚的新人群体，包括年轻夫妇和准备举办婚礼的人群。根据市场研究，这一群体对个性化和创新的婚礼服务需求增长迅速。

行业分析。广告设计行业目前呈现出快速增长的趋势。随着人们对个性化和有创意的婚礼服务的追求，婚纱广告设计变得越来越重要。然而，目前市场上仍存在着缺乏个性化的婚纱故事广告设计服务的缺陷。

竞争对手分析。目前，在我们所在的地区还没有专门提供婚纱故事广告设计服务的竞争对手。然而，存在一些传统的婚纱摄影公司和广告设计公司，提供类似的服务。我们的优势在于专注于婚纱故事广告设计，并将个性化和创新作为核心竞争力。

（5）服务介绍

收集新人的爱情故事和婚礼愿景。制作个性化的广告，融合视频、音乐和插画等元素。提供多媒体广告展示，包括在线分享和婚礼现场播放。

续表

（6）运营策略

与客户会面，了解他们的爱情故事和婚礼愿景。

设计团队创作广告概念并与客户确认。

制作广告素材，包括视频剪辑、音乐配乐和插画设计。

与客户确认并进行最后的修改和定稿。

交付广告，并提供在线分享和婚礼现场播放的支持。

（7）营销和销售策略

客户获取策略：

制作精美的样本广告，并通过社交媒体和网站进行展示和宣传。

参加婚博会和行业展览，与潜在客户建立联系。

与婚礼策划师、婚纱摄影师等行业专业人士建立合作关系，互相推荐。

客户维护：

提供优质的客户服务，确保客户的满意度。

定期与客户进行沟通，了解他们的需求和意见。

提供售后支持，包括在线分享和播放广告的技术支持。

（8）财务计划

收益预测：根据市场调研和行业分析，我们预计在第一年能够获得一定数量的订单，并逐渐增长。在第三年，我们预计收入将增长到一个可观的水平，并逐步实现盈利。

开支预算：初期投入包括办公设备购置、场地租赁、员工招聘和培训、营销宣传等费用。日常运营成本包括员工薪资、办公用品、市场推广费用等。

（9）风险和问题

潜在风险：可能会在设计过程中出现创意产权问题，我们将严格遵守知识产权法律法规，确保设计作品的合法性。另外，客户需求的变动也是一个潜在风险，我们将保持敏感度和灵活性，及时调整设计方向。

应对策略：我们将与专业机构合作，确保作品的合法性和知识产权保护。同时，我们会定期与客户进行沟通，了解他们的需求变化，并灵活调整设计方案。

（10）发展计划

扩张策略：随着业务的发展，我们计划扩大市场份额并进一步拓展服务种类。我们将逐步引入更多优秀的设计师和创意人才，提供更多元化的创意方案，满足广大新人对于婚礼创意的需求。

长期目标：我们希望成为婚纱广告设计领域的领导者，与众多知名品牌和高端婚礼策划公司建立合作关系。同时，我们也计划向其他地区扩展业务，进一步提升品牌影响力和市场占有率。

学习活动 6　路演展示总结

任务讲解

——知识解析——

> **广告设计类合伙企业的路演 PPT 框架**

业务概述：详细介绍公司的名称、服务类型、主要功能等信息。

市场分析：研究和描述目前广告设计市场的规模、发展趋势和主要需求。

服务痛点和解决方案：阐述目标客户在使用现有广告设计服务时所遇到的问题，以及你的公司是如何解决这些问题的。

创新的设计理念：展示公司的设计理念，阐述其独特之处和对客户的吸引力。

竞品分析：比较主要竞争对手，包括他们的优势和不足，以及你的公司的差异化服务。

盈利模式：详述公司的收费策略、成本结构，以及预计的盈利状况。

营销和合作策略：概述公司的市场推广策略和潜在合作伙伴。

工作流程和服务质量保证：展示公司从接受设计需求、完成设计、进行修订到最后交付的标准流程，以及服务质量保证。

创业团队：介绍团队成员，特别是他们的设计能力和经验。

案例展示：分享公司的广告设计项目，以显示公司的实力和创新性。

发展规划：阐述未来的发展计划，如扩大服务范围、增加团队成员等。

融资计划：如果有需要，概述公司的融资需求和用途，例如扩大业务范围、购买新的设计工具等。

——任务解析参考——

1. 请依据你的商业计划书内容，以表 3-17 为依据，完成项目的路演 PPT 制作。

表 3-17　　　　　　　　路演 PPT 的核心内容及负责人

PPT 页码	核心内容	负责人
1	业务概述	陈俊
2	市场分析	陈俊
3	服务痛点和解决方案	玉婷
4	创新的设计理念	玉婷
5	竞品分析	玉婷
6	盈利模式	李磊
7	营销和合作策略	李磊
8	工作流程和服务质量保证	张丽

续表

PPT 页码	核心内容	负责人
9	创业团队	张丽
10	案例展示	陈俊
11	发展规划	陈俊
12	融资计划	玉婷

2. 小组在指定的展播设备中展示项目路演 PPT，并推选一个代表简述内容。

3. 其他组以小组为单位，以表 3-18 为依据，给作品打分。

表 3-18　　　　　　　　　　路演 PPT 评价表

组别		项目名称		
序号	项目	评价指标	分值 0~12.5	
1	项目名称	能够简洁、准确地反映项目的核心概念和商业价值		
2	项目背景	能够提供清晰、全面的市场信息		
3	项目痛点	能够准确地识别并阐述目标市场中存在的关键痛点		
4	解决方案	具有创新性、可行性，且能够有效地解决市场痛点问题		
5	商业模式	选择的商业模式可行，并能够有效地创建、传递和获取价值		
6	创业团队	团队成员具有多元化的技能，能够分工协作互补		
7	风险预测	能够全面地预测可能存在的风险		
8	风险措施	对应前面预测的风险，制订了应对策略以及风险缓解计划		
		总分		
综合评价	请根据下列提示，分别写出该计划书的优缺点（不少于 2 点）。 1. 商业计划书较好的地方： 2. 商业计划书需要改进的地方及改进建议：			

评价人：　　　　　　　　　　　　　　　　　　　　　　　年　月　日

完善计划书与 PPT，交付文件

1. 完善本次广告设计企业的商业计划书与项目 PPT，于线上提交文件。

2. 于线上提交项目小结，反思本次任务的学习情况。

任务评价指标

1. 市场背景调研

评估学生是否能明确客户细分，以及运用 PEST 分析工具精准地分析广告设计市场的情况。关键的评估点包括对市场和客户的理解，以及 PEST 分析工具的运用。

2. 创新创意规划

评价学生是否能利用脑力激荡法产生创意，以及理解和使用创意拼图。关键的评估点包括创新思维的运用，以及对不同创意产生工具的应用。

3. 创业决策设计

评估学生是否能设计出符合市场需求和公司定位的品牌形象，并进行用户指南针地图的运用。关键的评估点包括品牌设计的质量，以及用户指南针地图的应用。

4. 商业落地实施

评估学生是否能组建有效的创业团队，执行 360 度反馈，进行社区参与，进行毛利率分析，以及使用商业模式画布。关键的评估点包括团队管理能力，360 度反馈的实施，毛利率分析的准确性，以及对商业模式画布的理解和应用。

5. 商业计划管控

评估学生是否能选择合适的企业法律形式，对供应链风险进行分析，以及完成广告设计类合伙企业商业计划书。关键的评估点包括对企业法律形式的选择，供应链风险分析的准确性，以及商业计划书的完整性和质量。

6. 路演展示总结

评估学生是否能清楚、有逻辑地进行路演展示，以及对广告设计类合伙企业项目的整体模式进行总结分析。关键的评估点包括 PPT 的内容和结构，整个路演的逻辑性和说服力，以及对项目整体模式的总结和分析能力。

学习任务四　科技产品类有限责任公司创办策划

教学目标

  1. 学生能够分析市场背景调研的重要性，能够运用专业工具执行行业报告和供应链分析，并根据这些信息为科技产品公司的定位和战略发展做出准确的决策。

  2. 学生能够运用马斯洛需求模型和六顶帽子思考法，设计并实施新的科技产品方案，以促进产品创新和满足目标市场需求。

  3. 学生能够运用最小可行性产品（MVP）和用户旅程地图的具体应用工具，根据实际情况和数据支撑进行科技产品的创业决策和设计方案的选择。

  4. 学生能够应用创业团队管理技巧，执行跨部门协作，以及使用4P营销组合和商业模式画布等工具，将这些组件结合起来，有效地执行科技产品公司的商业策略。

  5. 学生能够识别并选择适合的企业法律形式，能够使用评估工具进行原材料风险评估，制订应急计划，并构建科技产品类有限责任公司商业计划书的具体框架，以便进行公司的风险管理和商业计划的执行。

  6. 学生能够掌握科技产品类有限责任公司路演PPT的框架结构和评价标准，能够使用专业工具准确呈现商业计划的核心内容和价值观，并整理所有工作过程中的材料，完成项目的整体总结，以展示科技产品的商业潜力和实施方案。

教学活动安排

学习环节与学时	学生活动	教师活动
市场背景调研 （4学时）	1. 收集和研究行业报告 2. 进行供应链分析	1. 教授行业报告的撰写和解读技巧 2. 指导学生进行供应链分析
创新创意规划 （2学时）	1. 运用马斯洛需求模型，分析潜在客户的需求 2. 使用创意激发卡牌 3. 运用六顶帽子思考法	1. 引导学生理解和运用马斯洛需求模型 2. 引导学生使用创新方法激发创意
创业决策设计 （6学时）	1. 设计最小可行性产品 2. 制作用户旅程地图	1. 指导学生设计最小可行性产品 2. 引导学生制作用户旅程地图

续表

学习环节与学时	学生活动	教师活动
商业落地实施 （4学时）	1. 协调团队成员，提高团队效率 2. 用4P营销组合制定科技产品的营销策略 3. 使用商业模式画布分析并设计公司商业模式	1. 指导学生进行跨部门协作 2. 引导学生绘制商业模式画布
商业计划管控 （8学时）	1. 选择合适的企业法律形式 2. 原材料风险评估 3. 撰写商业计划书	1. 解读不同的企业法律形式，并指导学生进行选择 2. 讲解原材料风险评估 3. 提供商业计划书模板
路演展示总结 （6学时）	1. 制作路演PPT 2. 进行路演展示	1. 指导学生制作和展示路演PPT 2. 点评、总结项目

教学工具

类别	具体工具
讲义（PPT）	科技产品类有限责任公司创办策划
视频资料	案例：创办一家科技产品有限责任公司
教具	互动式白板、创意激发卡牌

学习环节详解

学习环节	具体内容
市场背景调研	通过学习行业报告，分析相关的供应链，研究科技产品市场的现状和未来趋势，为接下来的产品规划提供理论基础
创新创意规划	运用马斯洛需求模型、六顶帽子思考法等工具，激发出创新的产品设计理念，以满足消费者的需求
创业决策设计	利用MG动画工具，设计出科技产品的最小可行性产品（MVP），同时通过用户旅程地图，了解用户在使用产品的全过程中可能的体验和需求，以进一步优化产品设计
商业落地实施	建立起高效的创业团队，通过跨部门协作，确保产品的开发进程。同时，利用4P营销组合，设计出适合科技产品的市场推广策略。最后，通过商业模式画布，明确公司的商业模式
商业计划管控	理解并选择合适的企业法律形式，对原材料进行风险评估，制订应急计划，以应对可能的风险。同时，编写一份科技产品类有限责任公司的商业计划书，明确公司的经营策略和计划
路演展示总结	制作一份科技产品类有限责任公司的路演PPT，对整个创办策划过程进行汇报和总结。同时，使用路演PPT评价表，对自己的路演表现进行评估，以持续改进和优化

教学重难点

教学重难点①	重点：商业落地实施和商业计划管控。 原因：在竞争高度激烈的科技产品市场，有效的商业落地策略和严谨的商业计划管控是至关重要的。尤其是有效地管理创业团队、跨部门协作、4P 营销组合的应用，都是创业成功的关键因素。商业计划的管理和控制能够帮助企业更好地评估风险，制订应急计划，从而更好地应对可能的挑战。
处理建议	突破方法： 1. 线上自主学习。在课程开始前，教师将提供关于商业落地实施和商业计划管控的在线资源，学生需通过自主学习和深化理解准备课程活动。 2. 工具引导分析。学生会被引导使用工具，如供应链分析、马斯洛需求模型和六顶帽子思考法等，以进行科技产品的市场背景调研和创新创意规划。 3. 实践驱动实施。理解科技产品市场的特性后，学生将尝试用 MG 动画动手设计产品的最小可行性产品（MVP）和用户旅程地图。学生将会学习并实践商业落地实施，包括管理创业团队、跨部门协作、运用 4P 营销组合以及商业模式画布等。 4. 商业计划管控。学生将选择适合的企业法律形式，并编写科技产品类有限责任公司的商业计划书，同时需要进行原材料风险评估并制订应急计划。 5. 展示汇报分享。学生将根据科技产品类有限责任公司路演 PPT 框架设计并制作展示，同时也会使用科技产品类有限责任公司路演 PPT 评价表进行自我评估和提升。这一环将巩固学生所学，并通过教师和同学的反馈，持续完善他们的商业计划和执行策略。
教学重难点②	难点：创业决策与设计的执行和优化，以及路演展示总结的准备与实施。 原因：创业决策与设计环节的最小可行性产品（MVP）的制作和用户旅程地图的绘制，以及路演展示总结的内容编排和表达方式，都对整个创办策划的成功实施起着决定性的作用。
处理建议	化解方法： 1. 针对性学习。参考行业内的成功案例，理解他们在 MVP 设计、用户旅程地图以及路演展示等环节的关键要素和策略。 2. 实践操作。在理论学习的基础上，实际动手设计 MVP、用户旅程地图，以及策划路演展示的内容和形式。 3. 团队协作。与团队成员进行讨论，共同审视和优化 MVP、用户旅程地图和路演展示内容，从而提升整个策划的质量。 4. 互评反馈。在团队内部进行各环节的展示和评价，通过互相学习和反馈，不断改进和优化设计以及展示的效果。 5. 总结反思。无论是 MVP 的设计、用户旅程地图的绘制还是路演展示，都需要在实践后进行总结和反思，不断提升自我，以提高创办策划的成功率。

学习活动 1　市场背景调研

任务导入

任务名称：科技产品类有限责任公司创办策划	
任务内容描述： 　　某蓝天学院即将毕业的某学生，期望在自己家乡的一个新兴的科技园区，创立一家专注于提供创新科技解决方案的科技产品有限责任公司。该公司主要服务于 35～55 岁的中高级管理人员，以及追求业务效率提升和有意愿为此投入一定成本的企业客户。为了达成这个目标，该学生计划投入大约 500 万元人民币，其中包括公司注册、办公室租金、硬件设备购置、软件开发、员工薪酬等初期投入。由于该学生缺乏足够的创新创业能力，他需要在接下来的 15 天内通过参加一门创新创业课程来弥补这个不足。在课程中，他将进行科技产品公司创办策划，学习如何从产生科技创新构思到形成创业计划书并进行路演。 　　科技组：负责规划公司选址、设计产品、行业背景调查、可行性分析等方面。同时，需要考虑如何宣传推广，还要进行风险评估。 　　该项目包含以下 6 个项目的策划内容： 　　1. 市场背景调研 　　2. 创新创意规划 　　3. 创业决策设计 　　4. 商业落地实施 　　5. 商业计划管控 　　6. 路演展示总结 　　任务最终以交付商业计划书和路演的形式进行效果检验。	
任务开始时间：　　年　月　日	任务结束时间：　　年　月　日
最终交付商业计划书的文件格式：Word 文档、PPT 文档	
项目要求	1. 商业计划书包括项目背景、现状分析、解决方案、商业模式、创业团队和风险预测等内容。 2. 最终交付 Word 版商业计划书和路演 PPT 并进行路演。

任务目标和相关要求

1. 开展科技产品类有限责任公司创办的市场背景调研

目标：全面理解行业报告和供应链分析在科技产品类有限责任公司创办中的应用。

要求：能够准确阅读和理解行业报告，进行供应链分析，并将结果应用于科技产品的创办中。

2. 掌握创新创意规划在科技产品类有限责任公司创办中的应用

目标：熟练运用马斯洛需求模型和六顶帽子思考法，以产生创新科技产品的创意。

要求：能够利用马斯洛需求模型和六顶帽子思考法，提出科技产品的创新构想。

3. 理解和运用创业决策与设计

目标：能有效设计最小可行性产品（MVP）并构建用户旅程地图。

要求：设计并制作科技产品的最小可行性产品，利用用户旅程地图明确科技产品的用户需求和使用场景。

4. 实施科技产品类有限责任公司的商业落地

目标：能有效进行创业团队的管理、跨部门协作、4P营销组合，以及完成商业模式画布。

要求：实现创业团队的高效管理，推动跨部门协作，制定出4P营销策略，完成商业模式画布，明确科技产品的商业模式。

5. 进行科技产品类有限责任公司的商业计划管控

目标：能熟悉企业法律形式的选择，进行原材料风险评估，制订应急计划，完成科技产品类有限责任公司商业计划书框架结构。

要求：能够根据企业性质和市场情况选择合适的企业法律形式，进行原材料风险评估，预设应急计划以应对可能发生的风险，完成科技产品类有限责任公司的商业计划书。

6. 完成科技产品类有限责任公司的路演展示总结

目标：能熟练制作科技产品类有限责任公司路演PPT并开展路演，并根据评价表进行自我评估和提升。

要求：制作出具有吸引力的科技产品类有限责任公司路演PPT，并根据评价表和路演情况进行自我反思，找出不足并进行改进。

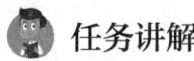 **任务讲解**

——知识解析——

1. 行业报告

行业报告是对特定行业进行详细分析和评估的文档或文件,它提供了关于该行业内市场规模、竞争格局、发展趋势、机会和挑战等方面的信息。行业报告可以提供全面的数据、统计数字、图表和分析,帮助人们了解特定行业的现状和未来发展趋势。

行业报告通常由专业机构、研究机构、咨询公司、金融机构等撰写。它们通过收集和分析大量的定性和定量数据,考察市场需求、消费者行为、竞争压力、政府政策法规等因素,使用各种研究方法和工具评估行业的各个方面。

行业报告的内容通常包括以下几个方面。

(1)市场概况:行业的定义、范围和背景介绍。

(2)市场规模和趋势:行业的市场规模、增长率、市场份额等相关数据。

(3)竞争格局:行业内主要竞争者的市场份额、战略定位、产品特点等。

(4)发展趋势:行业内的新兴趋势、技术创新、消费者偏好等。

(5)机会和挑战:行业面临的机会和发展前景,以及可能的挑战和风险。

(6)政府政策法规:政府对行业的法规、政策和监管环境等方面的影响。

(7)SWOT分析:评估行业的优势、劣势、机会和威胁。

(8)建议和战略:根据分析结果提出的建议和战略,帮助企业制定相应的经营决策。

行业报告为企业、投资者、政策制定者和其他利益相关者洞察行业动态和趋势提供了重要的参考依据,有助于进一步了解行业内部和外部因素的影响,为决策制定提供基础和依据。

2. 供应链分析

供应链分析是指对企业供应链中所有环节和关键流程进行全面评估、分析和优化的过程。通过对供应链系统的各个方面进行综合研究,可以帮助企业了解供应链运作情况,发现问题和风险,并提出改进措施,以实现供应链的高效运转和业务的持续增长。

供应链分析的内容主要包括以下几个方面:

(1)供应链网络结构分析。对企业供应链网络结构进行分析,包括供应商、生产基地、物流中心和销售渠道等各个环节的布局和组织结构。通过分析供应链网络的优势与劣势,评估不同环节的关键性和风险点,为后续优化提供依据。

(2)供应链成本分析。对供应链中的各个环节进行成本分析,包括采购成本、生产成本、仓储物流成本和销售成本等。通过细致的成本分析,可以找出成本偏高的环节,并针对性地制定控制成本的策略,以提高供应链的整体盈利能力。

（3）供应链流程分析。对供应链中的各个流程进行分析，包括需求管理、采购、生产计划、物流和库存管理等。通过分析各个环节的流程瓶颈和效率问题，找出流程中的改进空间，并提出相应的优化建议，以降低供应链运作的风险和成本。

（4）供应链风险评估。对供应链中的风险进行评估和分析，包括自然风险、市场风险、供应商风险和质量风险等。通过评估供应链中的风险，可以制定相应的风险管理策略，减少潜在的风险带来的损失。

（5）供应链绩效评估。对供应链的绩效进行评估和分析，包括交付能力、库存水平、响应速度、客户满意度和成本效益等。通过对供应链绩效的评估，可以揭示供应链中的短板和改进方向，并为提高企业竞争力提供决策依据。

（6）供应链技术应用分析。对供应链技术应用进行分析和评估，包括 ERP 系统、物流管理系统、供应链协同平台等。通过分析技术应用的成熟度和效果，可以为企业选择合适的技术工具，提高供应链的信息化水平和运作效率。

（7）供应链可持续性分析。对供应链的可持续性进行评估和分析，包括环境影响、社会责任和合规性等方面。通过评估供应链的可持续性，可以识别出潜在的风险和机遇，并制订可持续发展的战略目标和行动计划。

供应链分析是一项系统性的工作，需要对供应链的各个环节和关键要素进行综合深入地研究和评估。通过分析供应链的结构、成本、流程、风险和绩效等方面，可以为企业优化供应链，提高运作效率，降低成本，并增强企业在竞争中的优势。

——任务解析参考——

1. 行业报告通常是由专业机构撰写的,通过收集和分析大量数据来详细评估特定行业的市场规模、竞争格局、发展趋势、机会和挑战等信息。这些报告为企业、投资者和政策制定者洞察行业动态和趋势提供了重要参考依据,有助于理解行业内部、外部因素的影响,并为决策制定提供基础和依据。请你依据自己的所学专长,搜索自己所学专业领域的行业报告,对对应的产品/服务的行业进行详细地评估和分析,以表4-1为基础,形成自己的科技产品行业报告。

> **具体步骤**
> (1)收集数据:收集关于科技产品行业的市场规模、增长率、竞争格局、主要参与者、技术趋势、消费者需求和行业发展的数据。
> (2)分析数据:对收集到的数据进行深入分析和解读。
> (3)进行市场研究:进行市场调查和研究,了解目标市场的消费者需求、竞争对手的产品特点、价格策略和营销手段等。
> (4)编写报告:在撰写报告时,需要将收集到的数据和分析结果结合起来,形成完整的科技产品行业报告。
> (5)审核和发布:报告的审核阶段需要对报告进行仔细审查,确保数据的准确性和分析的合理性。

表4-1   行业评估分析表

行业报告	含义	具体内容
市场概况	行业的定义、范围和背景介绍	专为技工人员设计的设备,例如焊接工人使用的防护眼镜,提供防护及技术增强特性
市场规模和趋势	行业的市场规模、增长率、市场份额等相关数据	根据资料显示,2026年,全球可穿戴设备市场规模预计将超过1 000亿美元,专为技工设计的设备是这个市场的重要子集
竞争格局	行业内主要竞争者的市场份额、战略定位、产品特点等	虽然可穿戴设备市场中的竞争对手众多,但专注于技工技能需求的产品在市场中的份额相对较小,为新进入者提供了机会
发展趋势	行业内的新兴趋势、技术创新、消费者偏好等	随着AR技术的不断进步,预计未来将有更多专为技工设计的高科技可穿戴设备出现,以满足他们的专业需求
机会和挑战	行业面临的机会和发展前景,以及可能的挑战和风险	行业面临的机会包括技术进步、特定行业需求和教育需求的增长,挑战包括竞争压力、技术实现复杂性以及用户接受度等

续表

行业报告	含义	具体内容
政府政策	政府对行业的法规、政策和监管环境等方面的影响	政府对可穿戴设备的监管和数据隐私政策会影响这类产品的设计、制造和销售
建议和战略	根据分析结果提出的建议和战略,帮助企业制定相应的经营决策	企业应深入了解技工行业的需求,发挥技术优势,设计出满足特定需求的产品,并关注政府政策,确保业务的合规性

2. 简述供应链分析的内容

供应链分析涵盖了许多方面,其中包括对供应链的<u>组织结构</u>、<u>物流成本</u>、<u>生产流程</u>、<u>供应风险</u>和<u>绩效</u>指标等进行全面地研究和评估。这项分析的目的是通过识别供应链中的优势和短板,以便优化供应链运作、提高效率、降低成本,并提升企业的竞争力。

3. 对企业供应链中所有环节和关键流程进行全面评估、分析和优化。

(1) 供应链网络结构分析

我所学的专业行业供应链从设计阶段开始,涉及原型制作、元器件采购、装配、测试、销售和售后服务等环节。在这个网络中,元器件的供应商可能涉及国内外众多公司,需要针对不同供应商进行有效的管理和协调。

(2) 供应链成本分析

在供应链的全过程中,成本主要包括了原材料采购成本、装配制造成本、测试成本、物流成本、销售成本和售后服务成本等。其中,原材料采购和制造成本占据了主要部分,而通过优化物流和售后服务的效率,能在一定程度上降低成本。

(3) 供应链流程分析

供应链流程包括从设计、原型制作、元器件采购、装配、测试,再到销售和售后服务的全过程。每一个环节都需要准确、及时地传递信息,以保证流程的连续性和高效性。

(4) 供应链风险评估

供应链中可能存在的风险包括原材料供应中断、装配制造延迟、产品质量问题、物流延误和损坏等。技术的快速更新也可能给供应链带来风险。

学习活动 2　创新创意规划

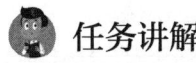任务讲解

——知识解析——

1. 马斯洛需求模型

马斯洛需求模型，也被称为马斯洛需求层次理论或马斯洛需求金字塔，是由美国著名社会心理学家亚伯拉罕·马斯洛于 20 世纪 40 年代提出的一种心理学理论，用于解释人类的需求层次和动机。该模型认为，人类的需求可以按照不同的层次进行分类和满足，并且每个层次的需求有着特定的优先级和关系。

如图 4-1 所示，马斯洛需求模型基于人的生理需求、安全需求、归属与爱的需求、尊重需求以及自我实现需求五个层次展开。下面将对每个层次的定义和内容进行详细说明。

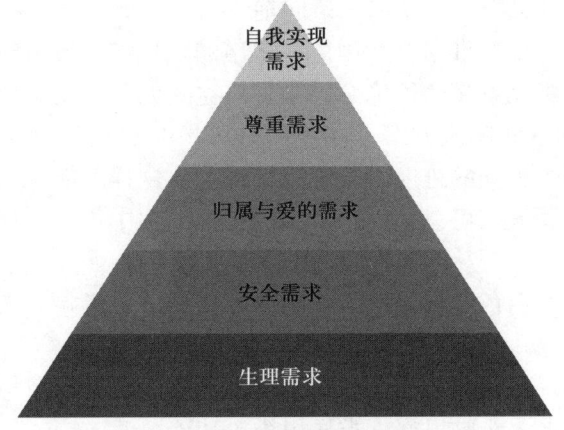

图 4-1　马斯洛需求模型

（1）生理需求。生理需求是人体维持生命所必需的基本需求，包括食物、水、空气、安全的住所、睡眠等。这些需求是人类最基本和最紧迫的需求，当这些需求没有得到满足时，其他更高层次的需求很难得到关注和追求。

（2）安全需求。安全需求是指个体对身体的安全、健康、稳定和自我保护的需求，包括对个人安全的感觉、稳定的工作和收入、适当的住所等。只有在满足了生理需求后，人们才会关注并努力满足安全需求。

（3）归属与爱的需求。归属与爱的需求是指个体与他人建立联系、获得社交支持和建立亲密关系的需求，包括友谊、家庭、情感上的依赖和爱的表达。人类是社会性动物，需要与他人建立紧密的联系和互动来满足这一层次的需求。

（4）尊重需求。尊重需求包括个体对自身能力、尊重、地位和成就的需求。这一层次的需求可以通过实现个人目标、获得他人的认可和尊重、拥有自信心和自尊心来满

足。它涉及对自我形象和社会地位的肯定。

（5）自我实现需求。自我实现需求是人们最高级的需求层次，也是最为复杂和抽象的。它指的是个体追求个人潜能的需求，实现自我价值、个人成长和发展的需要。这一层次的需求关注于个体内在的动机和追求更高的目标，超越了外界的评价和期望。

马斯洛需求模型认为，每个层次的需求在满足一定程度后，才会激发个体追求更高层次需求的动机。当低层次的需求得到满足时，个体的重心会逐渐转移到更高层次的需求上，并不断驱使个体寻求自我实现的成长和发展。需要强调的是，这并不意味着低层次的需求完全被满足后才能追求高层次的需求，而是在一定程度上得到满足之后，个体才会开始对更高级别的需求感兴趣。

2. 六顶帽子思考法

六顶帽子思考法是由英国学者爱德华·德·博诺（Edward de Bono）博士开发的一种思维训练模式，或者说是一个全面思考问题的模型。它提供了"平行思维"的工具，避免将时间浪费在互相争执上，强调的是"能够成为什么"，而非"本身是什么"，是寻求一条向前

发展的路，而不是争论谁对谁错。运用德·博诺的六顶帽子思考法，将会使混乱的思考变得更清晰，使团体中无意义的争论变成集思广益的创造，使每个人变得富有创造性。

为了快速获得创意和解决方案，减少头脑风暴时的相互争吵、指责和批评，将需要解决的问题分为6个独立的维度，分别进行讨论，这样就能保证讨论聚焦在一个维度时，不考虑其他维度，大家可以在同一个频道讲话，集中焦点。任何人都有能力使用以下六种基本思维模式：

（1）白色思考帽。白色是中立而客观的。戴上白色思考帽，人们思考的是关注客观的事实和数据。

（2）绿色思考帽。绿色代表茵茵芳草，象征勃勃生机。绿色思考帽寓意创造力和想象力。具有创造性思考、头脑风暴、求异思维等功能。

（3）黄色思考帽。黄色代表价值与肯定。戴上黄色思考帽，人们从正面考虑问题，表达乐观的、满怀希望的、建设性的观点。

（4）黑色思考帽。戴上黑色思考帽，人们可以运用否定、怀疑、质疑的看法，合乎逻辑地进行批判，尽情发表负面的意见，找出逻辑上的错误。

（5）红色思考帽。红色是情感的色彩。戴上红色思考帽，人们可以表现自己的情绪，人们还可以表达直觉、感受、预感等方面的看法。

（6）蓝色思考帽。蓝色思考帽负责控制和调节思维过程，负责控制各种思考帽的使用顺序，规划和管理整个思考过程，并负责做出结论。

六顶帽子思考法最大的优势就是对于任何的问题，都可以从这6个维度进行讨论，避免了相互之间的争执和辩论，加快了头脑风暴获得方案的速度。其缺点是对于任何一个具体问题，可能解决问题的流程不能用简单的六顶帽子思考法来解决，就需要用到我们后面讲到的解决问题的整体流程工具。

——任务解析参考——

1. 马斯洛需求模型是一种用于解释人类需求层次和动机的心理理论，该模型将需求分为五个层次：生理需求、安全需求、归属与爱的需求、尊重需求、自我实现需求，并认为每个层次的需求在满足一定程度后，才会激发个体追求更高层次需求的动机。该模型对于理解个体的动机和行为具有重要意义，为满足人类的多样化需求提供了指导，对心理学及其相关领域产生了深远影响。如图4-2所示，请理解各个需求层次的特点和关系，以及与各需求层次相对应层次的科技产品。

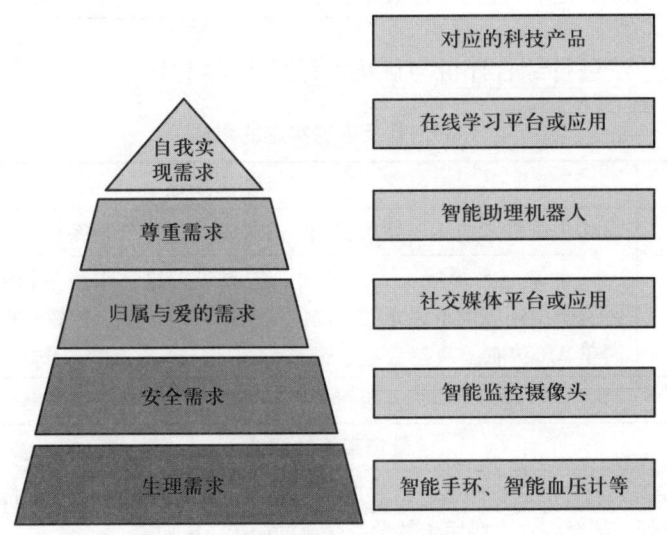

图4-2 马斯洛需求模型及相对应的产品

2. 请你利用马斯洛需求模型，从五个层次出发，结合科技产品的特性，进行创新创意规划，详见表4-2，并找出科技产品类可能的创意点和发展方向。

表4-2　　　　　　　　　　五个需求层次及对应的具体措施

需求层次	具体措施
生理需求	创意点：开发智能健康监测设备，如智能手环、智能血压计等，帮助人们监测和改善健康状况。 发展方向：融合可穿戴技术和人工智能，提供个性化的健康管理方案，包括智能营养餐推荐、定制化锻炼计划等。
安全需求	创意点：开发智能家居安防设备，如智能门锁、智能监控摄像头等，提高家庭和个人的安全感。 发展方向：整合物联网技术，实现智能家居的互联互通，建立智能安防生态系统，提供全方位的安全保障。
归属与爱的需求	创意点：设计社交媒体平台或应用，为人们提供社交互动、分享和连接的场所。 发展方向：结合虚拟现实（VR）和增强现实（AR）技术，打造更加沉浸式和真实的虚拟社交体验平台。

续表

需求层次	具体措施
尊重需求	创意点：研发智能助理机器人，能够为用户提供个性化的服务和支持。 发展方向：将人工智能与自然语言处理技术相结合，提供更智能的助理机器人，满足用户对个性化、高效服务的需求。
自我实现需求	创意点：开发在线学习平台或应用，提供各类知识和技能的学习资源，帮助个人实现自我价值和成就感。 发展方向：利用大数据和机器学习算法，提供个性化的学习路径和学习推荐，让用户能够更高效地学习和成长。

3. 将产生的想法进行综合评价与优化，详见表4-3。

表4-3　　　　　　　　你的创意及最想实施的想法

序号	创意描述
1	将火箭技术应用于城市交通，开发高速空中交通系统
2	一种专门为焊接工人设计的防护眼镜。这种眼镜不仅能提供足够的防护，还能根据环境调整透光度，提供清晰的视野，甚至内置一些用于教学或交流的简单AR功能
3	设计一款多功能户外旅行器，融合帐篷、烧烤炉和娱乐设施于一体
最想实施的想法	
一种专门为焊接工人设计的防护眼镜。这种眼镜不仅能提供足够的防护，还能根据环境调整透光度，提供清晰的视野，甚至内置一些用于教学或交流的简单AR功能	

4. 六顶帽子思考法是一种代表六种不同思维模式的工具，包括关注客观事实的白色帽子，象征创造力的绿色帽子，代表乐观和建设性思考的黄色帽子，用于批判和质疑的黑色帽子，展现情感和直觉的红色帽子，以及管理整个思考过程的蓝色帽子，如图4-3所示。请你开展六顶帽子思考法活动，与组员展开讨论，从不同的角度思考你的创意，详见表4-4。

图4-3　六顶帽子思考法

表 4-4　六顶帽子思考法活动记录

帽子类型	问题思考结果
白色帽子	在制造业和工程行业中，焊接工人每天都面临着众多的眼部安全问题，包括眼睛被火花烧伤、眼睛被强光刺激等。具备防护和透光度调整功能的眼镜可以很好地解决这些问题，而 AR 功能还能为工人提供实时的操作指导
绿色帽子	对于这个创意，我们可以进一步进行创新和拓展。比如，可以考虑加入虚拟助手，帮助工人解答在工作中遇到的问题；还可以考虑加入健康监测功能，如疲劳监测等，以提高工人的工作安全性
黄色帽子	从积极的角度来看，这种眼镜可以改变焊接行业的生态，提高工人的工作安全性和效率。此外，如果产品在市场上推广成功，将引领一场工业设备的革新，带来很大的经济利益
黑色帽子	在负面方面，产品的成本可能会相当高，可能不适合所有的焊接工人。此外，AR 技术的引入可能会带来新的技术问题，如电池寿命、操作界面的设计等
红色帽子	如果能够制造出这样的眼镜，工人们的工作将变得更安全，也更高效。他们可能会感到兴奋和期待，因为这种眼镜不仅可以保护他们的眼睛，还可以帮助他们提高工作质量
蓝色帽子	对于这个创意的进一步发展，我们需要进行全面的市场调研，了解焊接工人的具体需求和愿意接受的价格。我们还需要找到合适的技术团队，以及可能的投资者和合作伙伴，共同推动这个项目的实施

5. 总结你在使用工具时所遇到的难题，并记录你的创新想法。

总结

（1）遇到的问题：

在队伍合作与沟通中，创新过程通常需要多个团队成员的合作和协调；团队成员之间沟通不畅，合作效率会受到影响，从而影响创意产生的进度。

（2）创新的想法：

使用线上协作工具多沟通，建立清晰的角色并明确责任，寻求老师或助教的帮助。

学习活动 3　创业决策设计

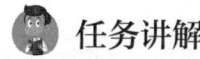任务讲解

——知识解析——

1. 最小可行性产品（MVP）

最小可行性产品（Minimum Viable Product，以下简称MVP）是指在最短时间内开发出具备基本功能的产品原型，以验证产品的假设和市场需求。MVP 的目标是通过最小的投入获取最大的反馈，以便在产品开发过程中进行迭代和优化。

（1）MVP 的定义及特点。

MVP 的定义包括以下四个关键要素：

1）最小化。MVP 仅包含产品的最基本功能和特性，避免过度设计和开发。其目的是验证核心假设和核心功能，而不是一次性开发完整的产品。

2）可行性。MVP 必须具备基本的可用性和功能性，能够满足用户的基本需求。它应该能够被用户使用和体验，以获取真实的用户反馈和数据。

3）产品原型。MVP 是一个原型或初版产品，用于展示产品的核心功能和价值。它可以是一个简单的界面原型、一个简化版的软件应用，或者甚至是一个手工制作的模型。

4）验证假设和需求。MVP 的目标是验证产品的假设和市场需求。通过让用户实际使用产品并获取反馈，可以验证产品的可行性和吸引力，以便在后续的开发中进行调整和改进。

MVP 旨在以最小的成本和时间验证产品的可行性和市场需求，通过不断迭代和优化，最终构建出符合用户需求和市场竞争的成熟产品。它具有两个特点：具有产品的核心特质和不拘泥于形式。从最小可行性的定义上我们可以看到，它的优点是相对于开发成熟产品，它的实验成本低，并且可以快速获得市场反馈，验证需求真伪；除此之外，它快速迭代的特点可以应对市场发展的需要。

（2）MVP 的内容。

1）核心功能。MVP 的关键是确定产品的核心功能，即解决产品最重要的问题或提供最基本的价值。这些功能应该是用户最需要的，并且能够满足他们的需求。在设计 MVP 时，应该将注意力集中在这些核心功能上，而不是追求完美的功能集。

2）简化界面。为了快速推出 MVP，界面设计应该保持简单而直观，避免过多的复杂功能和界面元素，使用户能够快速上手并使用产品。简化界面设计不仅可以加快开发速度，还能减少用户的学习曲线和使用难度。

3）数据支持。在 MVP 中，数据支持是非常重要的。通过收集和分析用户数据，可以了解用户的行为和偏好，从而对产品进行优化和改进。在 MVP 中，应该考虑如何收

集关键的用户数据,并建立相应的数据分析系统。

4)基本用户体验。MVP应该提供基本的用户体验,使用户能够顺利完成核心功能的使用。用户界面应该易于导航和操作,用户反馈应该能够及时响应,以提供良好的用户体验。

5)适配不同平台。如果产品需要在多个平台上运行,MVP应该能够适配不同的平台和设备。这意味着MVP需要在多个平台上进行测试和优化,以确保产品在各个平台上的兼容性和稳定性。

6)用户反馈机制。MVP应该提供用户反馈的机制,以便用户能够提供意见、建议和问题。这些反馈将有助于团队了解用户的需求和痛点,并及时进行改进。

2. 用户旅程地图

用户旅程地图(User Journey Map)是一种图形工具,用于描述用户在与产品或服务互动的全过程中所经历的各个阶段、活动和情感状态,如图4-4所示。它的出现与用户体验设计的发展和演变密切相关。

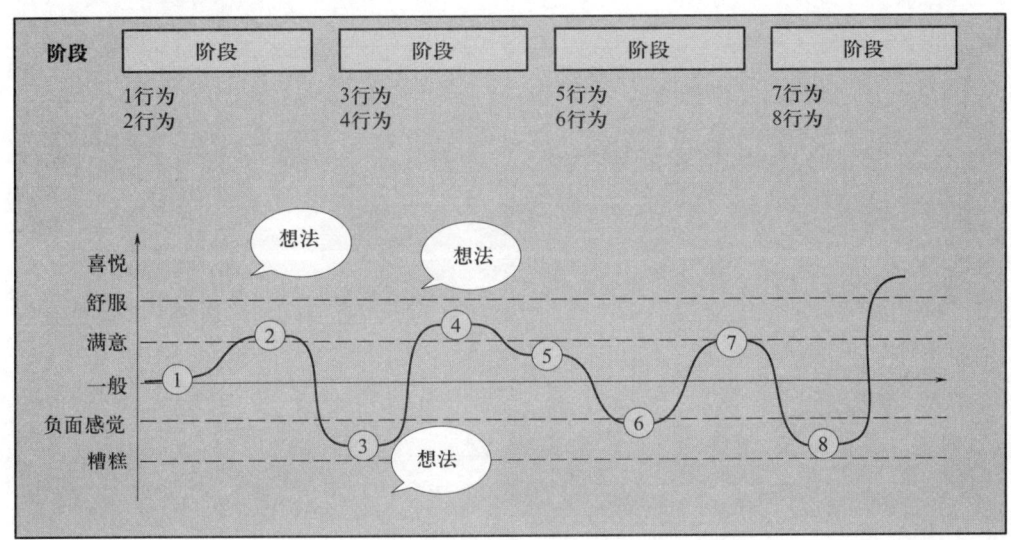

图4-4 用户旅程地图

为了充分理解用户的内心感受,完全融入用户的生活,体验用户的行动、体验和情感;探索记录最终用户与设计主题相关的旅程,也就是工作、生活、行动、计划等;体会他们的痛点,发现要设计的主题(产品)的真正意义;揭示未知的用户需求,超越用户的期望;产生新的想法,获得创新的设计结果,解决客户的真正痛点。

用户旅程地图通常包括以下几个主要元素:

(1)阶段。用户旅程被划分为若干个阶段,每个阶段代表用户在体验过程中完成特定任务或实现特定目标的阶段。例如,一个电子商务网站的用户旅程可以包括"浏览产品""选择商品""下订单""支付确认"和"交付收货"等阶段。

(2)用户行为。用户旅程地图描述了用户在每个阶段中所采取的具体行为,可以是用户的点击、浏览、搜索、填写表单等行为。

（3）触点。触点是用户与产品或服务进行互动的具体渠道或介质，包括网站、应用程序、社交媒体、客服电话等。用户旅程地图会标注出用户在每个阶段中所使用的不同触点。

（4）用户情感。用户旅程地图也可以记录用户在每个阶段中的情感状态或感受，可以是用户的满意度、焦虑感、挫败感等。了解用户的情感状态有助于发现改进和优化的机会。

用户旅程地图不仅是一个静态的图表，还应该是一个动态的工具，随着产品和市场的变化而更新和优化。通过创建用户旅程地图，产品开发团队可以更好地理解用户的需求、期望和痛点，识别用户在体验过程中的关键瓶颈和问题，并提供相应的解决方案和改进措施。

——任务解析参考——

1. 最小可行性产品（MVP）是一种产品开发策略，能够帮助企业尽早地将产品推向市场，以便快速获取客户反馈并进行产品迭代。请根据你所学专业的知识和技能，为你的科技产品类有限责任公司设计一个最小可行性产品，请考虑产品的关键特性、用户需求、市场定位等因素，并阐述用户对你的MVP的使用感受，详见表4-5。

表4-5　　　　　　　　　　　最小可行性产品制作

目标：为焊接工人提供一种专门设计的防护眼镜，旨在提供足够的防护，并可根据环境调整透光度，提供清晰的视野，并内置一些用于教学或交流的简单AR功能。	
主要功能： （1）防护功能。能够为眼睛提供足够的防护，防止火花、金属屑等伤害眼睛。 （2）自动透光调节。防护眼镜能够根据环境光线变化，自动调整透光度，确保焊接工人在不同亮度下都有清晰的视野。 （3）清晰视野。通过高质量的透镜材料和设计，为焊接工人提供清晰的视野，避免视野模糊和扭曲。	
草图	用户需求
	（1）安全防护。焊接工人需要安全防护设备，避免眼睛受伤。 （2）透光调节。在焊接过程中，不同亮度下都需要清晰的视野，因此需要自动调节透光度的功能。 （3）清晰视野。清晰的视野对于提升焊接工人的工作效率和质量至关重要。 （4）交流与教学。通过简单的AR功能，焊接工人可以方便地查看相关参数并学习焊接技术。
自由描述	
这是一款专门为焊接工人设计的防护眼镜，具备防护功能、自动透光调节功能、提供清晰视野和简单AR功能。焊接工人可以通过佩戴这款防护眼镜获得更安全、高效和便捷的焊接体验。	
记录用户试用感受	
用户们觉得防护眼镜确保了他们的眼睛在焊接过程中得到充分保护。自动透光调节功能也受到好评，无须频繁调整眼镜，焊接工人仍能保持清晰视野，大大提高了工作效率。	

2. 用户旅程地图是一个从用户角度展示与产品或服务互动过程的图形工具，包含阶段、用户行为、触点和用户情感等关键元素。它是一个动态的工具，能够帮助产品开发团队理解用户的需求和痛点，识别并解决体验过程中的问题，进行创业决策。请结合你的科技产品项目，画出你的用户旅程地图，如图4-5所示。

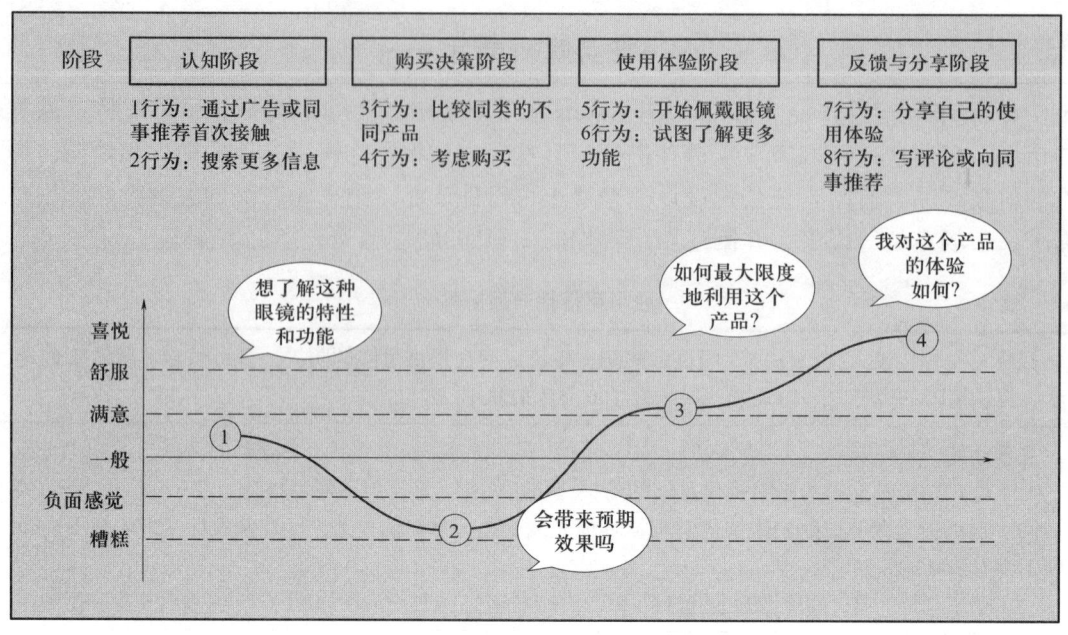

图 4-5 用户旅程地图（与科技产品项目相结合）

3. 根据下面的具体步骤建立用户旅程地图，并找到客户最关注的点。

具体步骤

（1）定义目标用户。明确定义目标用户，即焊接工人，包括他们的年龄、技能水平、工作场景等关键特征，以便更好地理解他们的需求和体验。

（2）识别关键阶段。确定用户在使用防护眼镜过程中的关键阶段，例如购买前、佩戴过程、使用过程中等。

（3）收集数据和洞察。通过调研、访谈、用户反馈等方式收集数据和洞察，了解用户在每个关键阶段的感受、需求、痛点和期望。

（4）创造用户角色。根据收集到的数据和洞察，创造代表不同用户类型的用户角色，例如技工院校的学生、经验丰富的焊工等，以便更全面地了解用户的差异化需求。

（5）绘制用户旅程地图。根据用户角色和关键阶段，绘制用户旅程地图。在地图上标注用户在每个阶段的情感、行为和需求，描绘用户的整体体验过程。

（6）分析用户体验。分析用户旅程地图，识别用户在每个阶段最关注的点。了解用户体验中的高峰时刻、痛点和机会，确定用户最看重的方面。

学习活动 4　商业落地实施

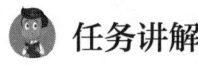任务讲解

——知识解析——

1. 创业团队的管理

具体内容参照学习任务三学习活动 4 中关于"创业团队的组建"的知识解析。

2. 跨部门协作

跨部门协作是指不同部门之间进行合作与协调，共同完成一个项目或目标的工作过程。在现代组织中，跨部门协作已经成为提高效率、推动创新和实现战略目标的重要方式之一。跨部门协作可以定义为不同部门之间合作与协调的过程，通过分享信息、资源和专业知识，共同解决问题、实现目标。它涉及不同部门之间的沟通、协商、合作和决策等活动，旨在提高整体的工作效率和质量。

跨部门协作最重要的是相关部门领导的配合性和沟通。这里的沟通，不仅要有清晰的计划、目标、执行流程，更重要的是相关人员的态度。

跨部门协作的内容包括以下几个方面：

（1）信息共享与沟通。跨部门协作的基础是及时准确地共享信息，包括项目目标、进展情况、需求和困难等。各个部门之间需要建立良好的沟通渠道和机制，保持信息的畅通。

（2）资源整合与共享。不同部门之间往往有不同的资源，包括人力、物力、财力等。跨部门协作需要整合和共享这些资源，使其能够最大限度地发挥作用，满足项目或目标所需。

（3）专业知识与技能互补。不同部门的成员具备不同的专业知识和技能，在跨部门协作中，可以通过相互借鉴和学习的方式，实现知识与技能的互补，提高工作的综合能力。

（4）协调与决策。跨部门协作需要进行各种形式的协调和决策，包括解决冲突、制订计划、分配任务、优化资源配置等。有效地协调与决策可以确保跨部门协作的顺利进行，达到预期的目标。

（5）监控与评估。跨部门协作涉及多个部门的合作与贡献，因此需要建立监控与评估机制，对协作过程和结果进行监测与评估，及时发现问题并采取相应的措施。

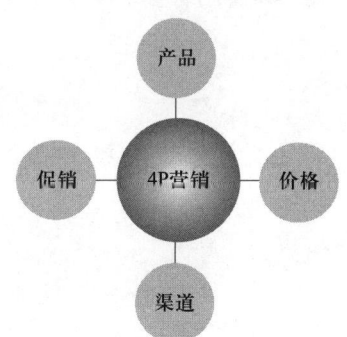

3. 4P 营销组合

4P 营销组合是指市场营销中的四个关键要素，即产品（Product）、价格（Price）、渠道（Place）和促销（Promotion）。这些要素是营销策略的基础，通过合理的组

合和协调，能够帮助企业实现营销目标，满足消费者需求，提高市场竞争力。

（1）产品。产品是指企业向市场提供的具有特定功能、能够满足消费者需求的有形或无形的产品。产品包括物质产品、服务、解决方案等。在 4P 营销组合中，确定产品的特征、品质、定位和核心竞争力是至关重要的。企业需要根据市场需求进行产品设计、开发、定价和推广，确保产品能够吸引目标客户群体。

（2）价格。根据不同的市场定位，制定不同的价格策略，产品的定价依据是企业的品牌战略，注重品牌的含金量。价格决策直接影响到消费者对产品的购买意愿和市场份额的获取。在 4P 营销组合中，企业需要根据竞争环境、成本、市场需求等因素来制定价格策略，如高价策略、低价策略、折扣策略等，以实现销售目标和利润最大化。

（3）渠道。渠道是指产品从生产者到终端消费者的流通路径。渠道决策涉及产品销售的地点选择、渠道成员的选择和管理等。在 4P 营销组合中，企业需要确定产品销售的渠道类型、分销策略，如直销、代理商、零售商等，以确保产品能够顺利地传递给消费者。

（4）促销。促销是指通过各种促销手段来传播产品信息、提高产品知名度和销售额的活动。促销涉及广告、公关、销售推广等方式。在 4P 营销组合中，企业需要制定有效的促销策略，如广告宣传、促销活动、促销礼品等，以吸引潜在客户，增加销售量和市场份额。

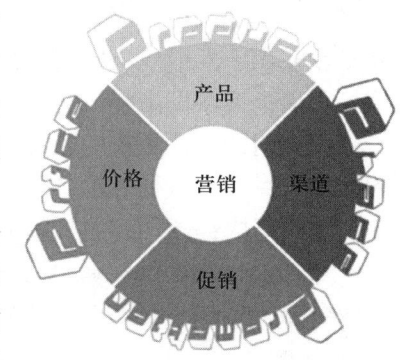

4P 营销组合属于企业可以控制的要素，所以，企业可以根据目标市场的特点，选择产品、产品价格、销售渠道和促销手法，专业术语称这些选择和决定为"营销组合战略决策"。然而，4P 营销组合不仅要受企业本身资源条件和目标市场的影响和制约，而且要受企业"外部环境"的影响和制约。"外部环境"包括人口环境、经济环境、自然环境、技术环境、政治和法律环境、社会和文化环境。这些社会力量代表企业的"不可控因素"，会给企业带来市场机会或威胁。市场营销管理的核心是密切监视其"外部环境"的动向，善于适当组合 4P，使企业的"可控因素"与外部"不可控因素"相适应，这是企业经营管理能否成功、企业能否生存和发展的关键。

4. 商业模式画布

具体内容参照学习任务三学习活动 4 中关于"商业模式画布"的知识解析。

——任务解析参考——

1. 请确定创业部门负责人的角色身份。

> **创始人兼技术研发专家**
> 1. 姓名：李明
> 2. 分工：负责技术研发和产品设计
> 3. 专长：具备工程设计和机械制造的专业知识
> 4. 经历/背景：参与过类似产品的研发

> **市场营销团队经理**
> 1. 姓名：王蕾
> 2. 分工：负责市场调研、品牌推广和销售策略
> 3. 专长：擅长市场分析和营销
> 4. 经历/背景：曾在某科技公司任市场营销经理

> **生产制造团队经理**
> 1. 姓名：李强
> 2. 分工：负责生产制造和供应链管理
> 3. 专长：熟悉眼镜制造工艺，具备供应链管理和生产流程控制能力
> 4. 经历/背景：曾在某知名眼镜制造企业任生产员工

> **用户体验设计师**
> 1. 姓名：张婷
> 2. 分工：负责产品用户体验设计
> 3. 专长：熟悉用户体验设计原则
> 4. 经历/背景：曾在某设计公司负责用户体验设计工作

2. 请设计创业团队成员的股权，详见表 4-6，并如图 4-6 所示，以饼形图的形式具体展现。

表 4-6　　　　　　　　　　创业团队成员股权分配表

创业团队	具体占比
创始人兼技术研发	51%
市场营销团队	17%
生产制造团队	21%
用户体验设计团队	11%

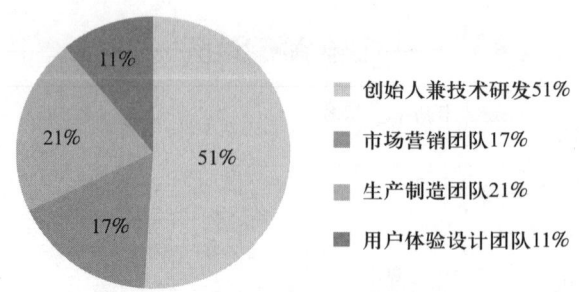

图 4-6　创业团队成员股权分配图

3. 管理创业团队有六大要求。
（1）信仰决定氛围。
（2）有层级的扁平化：追求决策扁平，而不是结构扁平。
（3）高度的透明化与公开化。
（4）善于复盘，疏通瓶颈。
（5）培养员工的创始人精神。
（6）让团队产生共鸣。
请你根据这六大要求，制定具体措施，以便更好地管理自己的创业团队。

具体措施

（1）有一个可以实现的、团队共鸣的发展目标。确定明确、可行的发展目标，并与团队成员共享和讨论，以确保他们对目标的理解和认同。

（2）留住人才。提供有竞争力的薪酬和福利体系，吸引优秀人才加入团队，并为他们提供良好的职业发展机会。

（3）增强团队的凝聚力。建立积极的团队文化，注重团队合作、信任和相互支持的价值观。

（4）提高团队的执行力。设定明确的工作目标和时间表，确保团队成员知晓任务的优先级和截止日期。

（5）激发团队的创造力。鼓励团队成员提出新的想法和创新的解决方案，并提供适当的奖励和认可。

---

4. 跨部门协作是不同部门之间的合作与协调过程，通过信息共享、资源整合、专业知识与技能互补、协调决策及监控评估，以共同完成一个项目或实现既定目标。在这个过程中，领导的配合性和清晰地沟通机制尤其关键，它不仅涉及计划、目标、执行流程的明确，还包含了团队成员的合作态度和行动。请阅读附录商业落地实施，在跨部门协作时，最重要的是什么？

> 最重要的是：团队领导的配合性和清晰的沟通机制。这两个因素对于跨部门协作的成功至关重要，可以促进信息共享、资源整合和决策协调，确保团队成员能够在一个项目或目标上共同合作，高效地完成任务。

5. 怎么解决跨部门协作的难点？详见表 4-7。

表 4-7　　　　　　　　　　　跨部门协作的难点与解决方法

难点	解决方法
事情启动不了	确定明确的共同目标和愿景，吸引各部门共同参与 设立明确的项目计划和时间表，明确责任和任务分配
事情推动不了	设立项目推进的绩效考核和激励机制，增强推动力 建立高效的沟通机制，及时解决问题和障碍
部门之间步调不一致	制订明确的项目计划和时间表，统一步调和进度 定期召开跨部门会议，分享进展和信息，保持沟通畅通
……	

6. 4P 营销组合是一种策略工具，主要用于确定产品、价格、渠道和促销四个营销要素。请依据你的项目情况，结合 4P 营销组合的四个维度，设计出一套市场营销策略方案，以帮助公司实现营销目标，详见表 4-8。

表 4-8　　　　　　　　　　　营销要素及具体措施

营销要素	具体措施
产品策略	倾听焊接工人的需求，设计防护眼镜，结合智能调光和 AR 交互等独特功能，以提供出色的防护性能和卓越的用户体验
价格策略	根据市场情况和目标用户支付能力，制定合理的定价策略。通过差异化定价，满足不同用户需求，并定期推出临时促销活动，吸引潜在客户购买
渠道策略	拓展多元化的销售渠道，包括线下零售和在线电商平台，同时与焊接设备厂商、工业用品供应商等合作，建立广泛的经销商网络，覆盖更多地区和终端用户
促销策略	通过行业杂志、网站、社交媒体等渠道进行产品广告宣传，参加焊接行业展览，展示防护眼镜的技术和性能优势。利用用户评价和口碑传播，扩大产品的影响力

7. 请运用商业模式画布的九个要素，详细描述你的科技产品项目的商业模式。

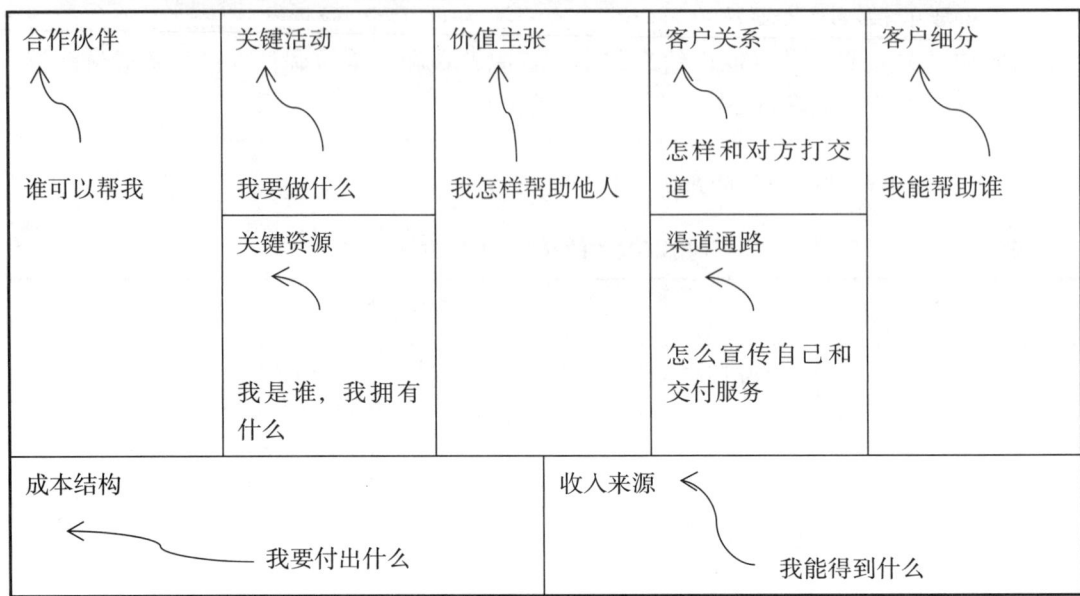

（1）根据以上提示，以表4-9为依据，完成商业模式画布的建立。

表4-9　　　　　　　　　　　商业模式画布的建立

模块	具体内容
合作伙伴	与焊接设备厂商、工业用品供应商和售后服务合作伙伴建立了重要的合作关系
关键活动	包括防护眼镜的设计与制造、售后服务和技术支持，以及市场推广和品牌营销
关键资源	包括技术团队、生产设备和品牌形象
价值主张	主要包括高效的防护性能、智能调光与AR交互功能，以及舒适的佩戴体验
客户关系	着重于建立良好的客户关系，主要包括售前咨询与产品推荐、售后服务支持与维修保障，以及持续关怀和收集客户反馈
渠道通路	主要包括线下零售店、在线电商平台和经销商网络
客户细分	主要是焊接工人和专业技工、焊接设备用户和购买者，以及工业用品采购商和经销商
成本结构	主要包括研发成本、生产成本、销售与营销成本，以及售后服务成本
收入来源	包括防护眼镜的销售收入、售后服务与维修收入，以及特许经销商的授权费用和潜在的订阅或许可收入

（2）完成商业模式画布后，对其进行评估和优化，总结经验，完善商业计划书。

> 在商业模式的建立过程中，我们深入了解了目标用户群体和市场需求，设计了具有差异化优势的产品，并通过多元化的销售渠道和市场推广策略吸引目标客户。同时，我们注重客户关系的建立和售后服务的提供，以确保用户的满意度和忠诚度。在经营过程中，我们将不断关注用户反馈，持续改进产品和服务，以保持创新力和竞争优势。

学习活动 5　商业计划管控

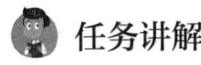 任务讲解

——知识解析——

1. 有限责任公司法律形式

有限责任公司需要由两个以上 50 个以下的股东组成，注册资金根据从事不同的行业而有所不同。同时，有限责任公司还需要股东共同制定公司的章程、建立符合要求的组织机构、有固定的经营场所和必要的生产经营条件，还应设立股东会、董事会和监事会，并由董事会聘请职业经理管理公司事务。有限责任公司办理开业登记的手续也较为复杂。有限责任公司的优点是股东按出资比例分配利润，并以出资额为限承担有限责任，对创业者而言风险最低。

2. 有限责任公司注册流程

（1）申请。由全体股东指定的代表或者共同委托的代理人向公司登记机关申请设立登记。

（2）受理。公司登记机关根据下列情况分别做出是否受理的决定：

1）申请文件、材料齐全，符合法定形式的，或者申请人按照公司登记机关的要求提交全部补正申请文件、材料的，决定予以受理。

2）申请文件、材料齐全，符合法定形式，但公司登记机关认为申请文件、材料需要核实的，决定予以受理，同时书面告知申请人需要核实的事项、理由以及时间。

3）申请文件、材料存在可以当场更正的错误的，允许申请人当场予以更正，由申请人在更正处签名或者盖章，注明更正日期；经确认申请文件、材料齐全，符合法定形式的，决定予以受理。

4）申请文件、材料不齐全或者不符合法定形式的，当场或者在 5 日内一次告知申请人需要补正的全部内容；当场告知时，将申请文件、材料退回申请人；属于 5 日内告知的，收取申请文件、材料并出具收到申请文件、材料的凭据，逾期不告知的，自收到申请文件、材料之日起即为受理。

5）不属于公司登记范畴或者不属于本机关登记管辖范围的事项，即时决定不予受理，并告知申请人向有关行政机关申请。

公司登记机关对通过信函、电报、电传、传真、电子数据交换和电子邮件等方式提出申请的，自收到申请文件、材料之日起 5 日内做出是否受理的决定。

（3）审查和决定。公司登记机关对决定予以受理的登记申请，分别情况在规定的期限内做出是否准予登记的决定：

1）对申请人到公司登记机关提出的申请予以受理的，当场做出准予登记的决定。

2）对申请人通过信函方式提交的申请予以受理的，自受理之日起 15 日内做出准予

登记的决定。

3）通过电报、电传、传真、电子数据交换和电子邮件等方式提交申请的，申请人应当自收到《受理通知书》之日起 15 日内，提交与电报、电传、传真、电子数据交换和电子邮件等内容一致并符合法定形式的申请文件、材料原件；申请人到公司登记机关提交申请文件、材料原件的，当场做出准予登记的决定；申请人通过信函方式提交申请文件、材料原件的，自受理之日起 15 日内做出准予登记的决定。

4）公司登记机关自发出《受理通知书》之日起 60 日内，未收到申请文件、材料原件，或者申请文件、材料原件与公司登记机关所受理的申请文件、材料不一致的，作出不予登记的决定。

公司登记机关需要对申请文件、材料核实的，自受理之日起 15 日内做出是否准予登记的决定。

（4）发照。公司登记机关做出准予公司设立登记决定的，出具《准予设立登记通知书》，告知申请人自决定之日起 10 日内，领取营业执照。

公司登记机关作出不予登记决定的，出具《登记驳回通知书》，说明不予登记的理由，并告知申请人享有依法申请行政复议或者提起行政诉讼的权利。

（5）需准备的材料。

1）公司法定代表人签署的设立登记申请书。

2）全体股东指定代表或者共同委托代理人的证明。

3）公司章程。

4）股东的主体资格证明或者自然人身份证明。

5）载明公司董事、监事、经理的姓名、住所的文件以及有关委派、选举或者聘用的证明。

6）公司法定代表人任职文件和身份证明。

7）企业名称预先核准通知书。

8）公司住所证明。

9）国家市场监督管理总局规定要求提交的其他文件。

法律、行政法规或者国务院决定规定设立有限责任公司必须报经批准的，还应当提交批准文件。

3. 原材料风险评估

原材料风险评估是指对企业所使用的原材料供应链中存在的潜在风险进行识别、评估和管理的过程。它旨在帮助企业全面了解原材料供应链中可能遇到的各种风险，并制定相应的应对策略，以降低对企业运营和业绩的影响。

原材料风险评估的内容可以涵盖以下方面：

（1）供应商可靠性评估。对供应商的信誉、经营状况、财务健康等进行评估，以确定其是否具备稳定和可靠的供应能力。分析供应商的生产能力、设备情况、技术实力等，评估其是否能够满足企业的需求。

（2）供应链可见性评估。确定原材料供应链中的关键环节，了解相关参与方（如下游供应商、物流服务商等）的情况，以获得供应链的全面可见性。分析供应链的地理位置、运输方式、库存水平等，评估供应链的弹性和灵活性，确定是否存在潜在的供应中断风险。

（3）市场供需分析。分析原材料市场的供需情况，评估供应和需求的动态变化，判断供应是否充足并可持续。考虑价格波动、产量变化等因素，预测可能存在的原材料供应的不稳定性等风险。

（4）法律合规风险评估。检查原材料供应链中的各个环节是否符合相关法律法规和标准。考虑环保、安全、劳工权益等方面的合规要求，评估供应链中可能存在的法律合规风险。

（5）资金和支付风险评估。评估供应链中涉及的资金流动和支付方式，以确定是否存在资金不足或支付延迟的风险。考虑货币汇率波动、信用风险等因素，评估原材料供应链中的金融风险。

（6）战略和地缘政治风险评估。分析全球地缘政治动态和战略发展，评估其对原材料供应链的影响。考虑贸易争端、政治冲突、自然灾害等因素，评估原材料供应链中的战略和地缘政治风险。

（7）过程和质量控制评估。评估原材料供应链中的生产过程和质量控制体系，确定其是否满足企业的要求。考虑原材料的稳定性、可追溯性、检测和验证要求等，评估供应链中可能存在的质量风险。

4. 科技产品类有限责任公司的商业计划书模板

（1）企业概述。

公司名称和业务性质：定义你的科技产品类有限责任公司。

商业目标和愿景：描述公司的长期发展目标和愿景。

（2）公司组织和管理。

公司结构：描述公司的组织结构以及每个部门或团队的职责。

管理团队：列出公司的主要管理人员和他们的专业背景。

（3）产品和服务。

产品描述：详细介绍公司的科技产品，包括其特性和功能。

服务：如果有提供任何与产品相关的服务，也需要进行详细描述。

（4）市场分析。

市场定义：定义你的目标市场，包括地理位置、客户人口等。

市场趋势：分析市场的发展趋势和可能的机遇。

竞争对手分析：分析你的主要竞争对手以及他们的优势和弱势。

（5）营销和销售策略。

营销策略：描述你打算如何推广和销售你的产品。

销售策略：包括价格定位、销售渠道等。

（6）研发计划。

技术研发：描述你的研发团队以及他们的技术能力和经验。

产品开发路线图：描述你计划如何进行产品开发和改进。

（7）财务规划。

初始投资：计算启动你的科技产品类有限责任公司需要的初始投资。

收支预测：预测未来几年的收入和支出。
（8）风险评估和管理。
风险分析：识别可能面临的风险，如技术风险、市场风险等。
风险应对策略：描述你打算如何应对这些风险。
（9）拓展策略。
拓展计划：描述你的计划，如何扩大市场、提升销售或增加新的产品线。

——任务解析参考——

1. 根据综合考虑决定企业法律形式，详见表 4-10。

表 4-10　　　　　　　　　　企业法律形式的考虑因素

考虑因素	具体内容	综合考虑决定
拟创办企业的规模	有限责任公司	我们打算创建一个基于技工技能的可穿戴设备企业，专注于设计和制造高品质、功能丰富的防护眼镜。以创新和用户体验为核心，致力于提高技工工作效率和安全性。通过市场研究和团队合作，不断改进产品并探索新的发展机会，打造一个有潜力的企业
创业时所拥有的资金数	500 万	
共同创业人数	6 人	
创业的观念	重视产品创新和用户体验，注重市场需求和应用场景的研究，追求技术与实用性的结合	
所能承受的风险	技术实现的挑战、市场竞争、资金压力等	
所在行业的发展前景	基于技工技能的可穿戴设备在行业中具有广阔的市场前景。随着科技的不断进步和劳动力需求的增加，对于提高技工工作效率和安全性的需求将会持续增长。该行业有望迎来快速的发展和广阔的市场空间	

2. 请了解有限责任公司注册流程，阐述有限责任公司注册分为 __4__ 个步骤。
有限责任公司注册：

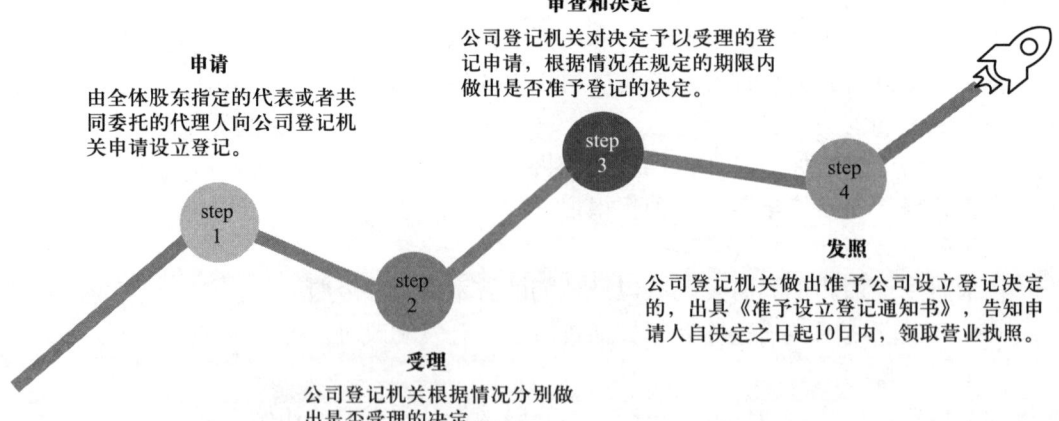

3. 原材料风险评估是对企业原材料供应链中潜在风险的识别、评估与管理。此评估涵盖了供应商可靠性、供应链可见性、市场供需、法律合规、资金支付、战略地缘政治、过程质量控制等多个方面。根据原材料评估内容的学习，对企业所使用的原材料供应链中存在的潜在风险进行识别、评估和管理，然后制订计划，详见表4-11。

表4-11　　　　　　　　　　　潜在风险评估类型及具体内容

评估类型	具体内容
供应商可靠性评估	发现部分供应商的质量和交货时间存在波动，需要定期审查并准备备选供应商
供应链可见性评估	供应链透明度较高，但对于原材料加工环节的监控仍有提升空间
市场供需分析	电子元件和AR硬件设备市场供应充足，价格稳定，但特殊防护镜片材料供应偏紧，价格有上升趋势
法律合规风险评估	现有的产品设计和原材料的生产、运输、使用都符合相关法律法规，但需要密切关注环保法规的更新，以避免不合规的风险
资金和支付风险评估	需关注货币汇率波动和可能出现的信用风险
战略和地缘政治风险评估	特殊防护镜片材料的主要供应国近期存在一些政治冲突，可能影响供应的稳定性，需考虑寻找其他来源地的供应商
过程和质量控制评估	供应商的生产流程和质量管理一般都较为合格，但仍存在一些小的不规范操作，需要定期审查和提醒供应商改正

4. 根据下列具体步骤，完成原材料风险评估。

（1）确定评估范围。明确原材料供应链的各个环节和涉及的供应商，确定评估的范围和重点。

（2）收集数据。收集与原材料供应链相关的数据，包括供应商资质、物流信息、市场需求等，以全面了解供应链情况。

（3）识别潜在风险。针对原材料供应链，识别可能存在的潜在风险，包括供应商可靠性、市场供需、法律合规等方面。

（4）评估风险严重程度。对识别的潜在风险进行评估，分析其可能造成的影响和损失，以确定风险的严重程度。

（5）优先级排序和制定对策。根据风险的严重程度和影响，对风险进行优先级排序，制订相应的应对对策和应急计划。

（6）实施和监督。执行制订的对策和计划，确保供应链中的潜在风险得到有效控制和管理。

（7）持续改进。定期回顾和评估原材料风险评估所产生的效果，根据实际情况调整和优化风险管理措施，持续改进和提高供应链的韧性与稳定性。

5. 根据科技产品类有限责任公司的框架，以表4-12的格式为依据，完成商业计划书的设计。

表4-12　　科技产品类有限责任公司商业计划书框架模板

（1）项目名称：焊保视界

（2）企业概述

　　焊保视界有限责任公司，致力于研发和销售一种专门为焊接工人设计的防护眼镜。这种眼镜不仅能为眼睛提供足够的防护，还能根据环境调整透光度，提供清晰的视野，甚至内置用于教学或交流的简单AR功能。

（3）公司组织和管理

　　创始人兼技术研发专家—李明：具备工程设计和机械制造的专业知识，负责技术研发和产品设计。

　　市场营销团队经理—王蕾：擅长市场分析和营销，负责市场调研、品牌推广和销售策略。

　　生产制造团队经理—李强：熟悉眼镜制造工艺，具备供应链管理和生产流程控制能力，负责生产制造和供应链管理。

　　用户体验设计师—张婷：熟悉用户体验设计原则，负责产品用户体验设计。

（4）产品和服务

　　产品描述：焊保视界是一款专为焊接工人设计的智能防护眼镜，具备以下特点和功能。

　　高度防护：耐冲击、耐高温、防辐射等，为焊接工人提供全面的防护。

　　自动调节透光度：通过智能感知和调节技术，根据焊接环境的亮度自动调整防护玻璃透光度，保护焊工的视力。

　　简单AR功能：内置简单的增强现实功能，可用于教学和交流，提升工作效率和学习体验。

（5）市场分析

　　市场定义：目标市场为全国焊接工人和技工院校的学生。

　　市场趋势：

　　高要求的人身安全标准推动着防护设备市场的增长。

　　技术创新为焊接工人提供更高效和便捷的解决方案。

　　竞争对手分析：

　　公司A：提供传统防护眼镜，功能简单，无智能化特性。

　　公司B：专注于高端智能防护设备，但未涉及焊接行业。

（6）营销和销售策略

　　营销策略：

　　目标市场定位：焊接工人和技工院校学生。

　　品牌推广：通过线上线下的市场推广活动建立公司形象和产品知名度。

　　销售策略：

　　合作伙伴关系：与焊接设备供应商建立合作伙伴关系，共同销售产品。

　　售后服务：提供全方位的售后服务和技术支持，提升客户体验。

续表

（7）研发计划
研发团队：招募具备眼镜设计和智能技术开发经验的专业人员。
原型设计和测试：迭代设计和测试，确保产品功能和性能满足市场需求。

（8）财务规划
初始投资：预计需要500万元的初始投资资金来启动公司，并用于研发、制造、场地租赁、市场推广等方面。
收支预测：
首年收入预测：根据市场需求和销售计划，预计首年实现200万元的收入。
首年支出预测：包括研发费用、生产成本、市场推广费用、运营费用等，预计首年支出为300万元。
净利润预测：根据首年收入减去支出，预计首年净利润为-100万元。
未来几年收支预测：根据市场发展趋势和公司业务增长预期，未来几年的收入和支出将逐年增长，并力争实现持续盈利。

（9）风险评估和管理
技术风险：可能面临技术创新、产品质量控制等方面的风险。我们将加强研发团队和技术能力，与供应商建立稳定的合作关系，并定期对产品进行质量检验和改进。
市场风险：可能面临市场竞争加剧、需求波动等风险。我们将进行有效的市场调研，了解客户需求并及时调整产品策略。同时，开展品牌推广和营销活动，以提升市场知名度和用户认可度。
供应链风险：可能面临原材料供应不稳定、生产延迟等风险。我们将建立合理的供应链管理机制，与供应商建立长期合作伙伴关系，并做好备货和生产计划，以确保产品供应的及时性和稳定性。
风险应对策略：通过建立完善的风险管理体系，包括风险评估、风险预警和应急响应机制，及时识别、评估和应对各类风险。同时，制订业务连续性计划，保障在风险事件发生时的业务运营稳定。

（10）拓展策略
市场拓展：我们计划在本地市场取得初步成功后，逐步扩展至国内其他城市和国际市场。根据不同市场特点和需求，进行品牌推广、渠道开拓和市场营销等工作，以扩大市场份额。
产品线拓展：除了焊接工人的防护眼镜，我们还将考虑推出适用于其他技工和行业的可穿戴设备，如头戴式显示器、智能手套等。通过不断创新和产品扩展，满足不同行业的需求，提升公司的市场竞争力。
合作伙伴关系：我们将积极寻求与行业内的合作伙伴建立合作关系，包括焊接设备供应商、工业用品经销商等。通过共享资源和优势互补，加强市场推广和销售渠道建设，实现共赢发展。

学习活动 6　路演展示总结

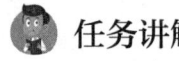任务讲解

——知识解析——

科技产品类有限责任公司路演 PPT 框架
公司概述：介绍公司的名称、产品类型、主要功能等信息。
市场分析：研究和描述科技产品市场的规模、发展趋势和主要需求。
产品痛点和解决方案：阐述目标客户在使用现有科技产品时所遇到的问题，以及你的公司是如何解决这些问题的。
产品创新和技术优势：展示公司的技术优势和产品的创新特性。
竞品分析：与主要的竞争对手进行比较，包括他们的优势和不足，以及你的公司的产品特性。
盈利模式：详述公司的定价策略、成本结构和预计的盈利状况。
营销策略：概述公司的市场推广策略和销售渠道。
产品生命周期管理：介绍公司的产品开发流程、质量控制和售后服务。
创业团队：介绍团队成员，特别是他们的技术能力和经验。
产品演示：通过实例演示产品的功能和优势，展示公司的技术实力和创新性。
发展规划：阐述未来的发展计划，如产品迭代、新产品开发等。
合作伙伴和客户：介绍现有和潜在的合作伙伴，展示已经赢得的客户。
融资计划：概述公司的融资需求和用途，例如研发投入、市场拓展等。

——任务解析参考——

1. 请依据你的商业计划书内容，以表 4-13 为依据，完成项目的路演 PPT 制作。

表 4-13　　　　　　　　路演 PPT 的核心内容及负责人

PPT 页码	核心内容	负责人
1	公司概述	张明
2	市场分析	王蕾
3	产品痛点和解决方案	李强
4	产品创新和技术优势	李强
5	竞品分析	张婷
6	盈利模式	张婷
7	营销策略	张明

续表

PPT 页码	核心内容	负责人
8	产品生命周期管理	张明
9	创业团队	王蕾
10	产品演示	李强
11	发展规划	李强
12	合作伙伴和客户	张婷
13	融资计划	张婷

2. 小组在指定的展播设备中展示项目路演 PPT，并推选一个代表简述内容。

3. 其他组以小组为单位，以表 4-14 为依据，给作品打分。

表 4-14　　　　　　　　　　路演 PPT 评价表

组别			项目名称	
序号	项目	评价指标	分值	
			0 ~ 12.5	
1	项目名称	能够简洁、准确地反映项目的核心概念和商业价值		
2	项目背景	能够提供清晰、全面的市场信息		
3	项目痛点	能够准确地识别并阐述目标市场中存在的关键痛点		
4	解决方案	具有创新性、可行性，且能够有效地解决市场痛点问题		
5	商业模式	选择的商业模式可行，并能够有效地创建、传递和获取价值		
6	创业团队	团队成员具有多元化的技能，能够分工协作互补		
7	风险预测	能够全面地预测可能存在的风险		
8	风险措施	对应前面预测的风险，能够制订应对策略以及风险缓解计划		
		总分		
综合评价	请根据下列提示，分别写出该计划书的优缺点（不少于 2 点）。 1. 商业计划书较好的地方： 2. 商业计划书需要改进的地方及改进建议：			

评价人：　　　　　　　　　　　　　　　　　　　　　　　　　　　年　月　日

完善计划书与 PPT，交付文件

1. 完善本次科技产品公司的商业计划书与项目 PPT，于线上提交文件。

2. 于线上提交项目小结，反思本次任务的学习情况。

任务评价指标

1. 市场背景调研

评估学生是否能通过行业报告和供应链分析，准确地了解市场背景。关键的评估点包括对行业报告的理解和分析，以及对供应链的深入理解。

2. 创新创意规划

评价学生是否能够运用马斯洛需求模型和六顶帽子思考法来进行创意规划。关键的评估点包括对马斯洛需求模型的理解和运用、创新思维的激发，以及多角度思考的能力。

3. 创业决策设计

评估学生是否能运用有效的最小可行性产品（MVP）和用户旅程地图。关键的评估点包括对最小可行性产品（MVP）的展示的项目可行性，以及用户旅程地图反映出客户体验的清晰度和完整性。

4. 商业落地实施

评估学生是否能够有效地进行创业团队管理、跨部门协作，能够运用 4P 营销组合以及商业模式画布。关键的评估点包括团队管理能力，跨部门协作的实施，对 4P 营销组合的理解和运用，以及商业模式画布的使用。

5. 商业计划管控

评估学生是否能选择合适的企业法律形式进行原材料风险评估，制订应急计划，并完成科技产品类有限责任公司商业计划书。关键的评估点包括对企业法律形式的选择，原材料风险的评估，应急计划的制订，以及商业计划书的完整性和质量。

6. 路演展示总结

评估学生是否能准备和完成高质量的路演 PPT，能够清楚、有逻辑地进行展示，以及对科技产品类有限责任公司项目的整体进行总结分析。关键的评估点包括 PPT 的内容和结构，整个路演的逻辑性和说服力，以及对项目整体模式的总结和分析能力。